betty milan

O
que é
O
amor

OBRAS DA AUTORA

ROMANCE
O sexophuro, 1981
O Papagaio e o Doutor, 1991, 1998 (França, 1996; Argentina, 1998)
A paixão de Lia, 1994
O clarão, 2001 (Finalista do Prêmio Passo Fundo Zaffari &
   Bourbon de Literatura)
O amante brasileiro, 2004
Consolação, 2009
A mãe eterna, 2016

AUTOBIOGRAFIA
Carta ao filho, 2013

ENSAIO
Manhas do poder, 1979
Isso é o país, 1984
O que é amor, 1983; *E o que é o amor?*, 1999
Os bastidores do Carnaval, 1987, 1988, 1995 (França, 1996)
O país da bola, 1989, 1998 (França, 1996)

ENTREVISTA
A força da palavra, 1996
O século, 1996 (Prêmio APCA)

CRÔNICA
Paris não acaba nunca, 1996, 2008 (China, 2005)
Quando Paris cintila, 2008

CONSULTÓRIO SENTIMENTAL
Fale com ela, 2007
Quem ama escuta, 2011

INFANTOJUVENIL
A cartilha do amigo, 2003

TEATRO
Paixão, 1998
A paixão de Lia, 2002
O amante brasileiro, 2004
Brasileira de Paris, 2006
Adeus Doutor, 2007
A vida é um teatro, 2012
Dora não pode morrer, 2013
Teatro lírico/Teatro dramático, 2015

betty milan

O que é O amor

2ª edição

EDITORA RECORD
RIO DE JANEIRO • SÃO PAULO
2018

CIP-BRASIL. CATALOGAÇÃO NA PUBLICAÇÃO
SINDICATO NACIONAL DOS EDITORES DE LIVROS, RJ

M582q
2ª ed.

Milan, Betty, 1944-
O que é o amor / Betty Milan. – 2ª ed. – Rio de Janeiro:
Record, 2018.

ISBN 978-85-01-11490-7

1. Amor. 2. Relações amorosas. I. Título.

18-48403

CDD: 306.7
CDU: 392.6

Meri Gleice Rodrigues de Souza – Bibliotecária CRB-7/6439

Copyright © Betty Milan, 1999, 2018

Capa: LSD (Luiz Stein Design) – Luiz Stein/Tello Gemmal.
Foto da autora: Arquivo pessoal.

Todos os direitos reservados. Proibida a reprodução, armazenamento ou transmissão de partes deste livro, através de quaisquer meios, sem prévia autorização por escrito.

Texto revisado segundo o novo Acordo Ortográfico da Língua Portuguesa.

Direitos exclusivos desta edição reservados pela
EDITORA RECORD LTDA.
Rua Argentina, 171 – Rio de Janeiro, RJ – 20921-380 – Tel.: (21) 2585-2000.

Impresso no Brasil

ISBN 978-85-01-11490-7

Seja um leitor preferencial Record.
Cadastre-se em www.record.com.br
e receba informações sobre nossos
lançamentos e nossas promoções.

EDITORA AFILIADA

Atendimento e venda direta ao leitor:
mdireto@record.com.br ou (21) 2585-2002.

A quem... quem,
Mathias Mangin

Sumário

Introdução	9
O projeto	11
A paixão do amor	15
Os dizeres	43
O amor hoje	55
A paixão do brincar	59
Posfácio, *por Gérard Lebrun*	81
Notas	87

Introdução

O *que é o amor* foi publicado pela primeira vez em 1983 pela Editora Brasiliense. O texto se impôs e eu escrevi com a paixão e a audácia de quem diz o que pensa e não mede as consequências. O vento libertário de Maio de 68 ainda soprava nos anos 1980.

No lançamento, a *Folha de S.Paulo* deu a primeira página da Ilustrada com a minha foto no centro. Mas o título era "As metamorfoses amorosas de Betty Milan", e a matéria foi ilustrada com a caricatura de um homem abrindo a braguilha e a de um livro, atravessado por uma faca, vazando sangue. O escândalo favoreceu a venda e mobilizou o meio intelectual. Mais páginas foram escritas na imprensa sobre *O que é o amor* do que as que eu mesma havia escrito.

Acho sempre melhor empatar do que vencer e não tenho o espírito da polêmica no sangue, porém, dei uma resposta aos articulistas, cujos textos desqualificavam o meu. Uma das razões era a oposição entre a paixão do amor e a paixão do brincar, que eu estabeleci e sustento. Nós, brasileiros, temos com o amor uma relação particular.

A resposta foi publicada na coluna de cartas do jornal, com assinaturas de diferentes grupos de mulheres que se reconheceram no livro pela crítica ao machismo. Não era possível escrever sobre o amor no Brasil sem mostrar o quão contrária ao sentimento amoroso a ética do machismo é. Ninguém, hoje, graças à reação das mulheres e à difusão da violência contra elas, duvida disso.

Um dos capítulos do livro, "Os dizeres do amor", se transformou numa peça de teatro que foi encenada no país inteiro. *O que é o amor* foi reeditado várias vezes — pela Brasiliense, pelo Clube do Livro, pela própria Record, que lança agora, 35 anos depois, a edição definitiva.

Para concluir, preciso apenas dizer que o amor, na sua essência, não mudou. De uma forma ou de outra, ele ressurgirá sempre. O mito de Eros e Psique não perderá sua atualidade, mesmo quando for ignorado. Sem o amor, nós não vivemos, ele é tão necessário quanto o sol.

São Paulo, 2018

O projeto

> *O amor? Ele talvez surja de uma falha*
> *súbita na lógica do universo.*
>
> Marguerite Duras

Não sei de quando data exatamente o começo deste livro — foram inúmeras as tentativas de escrever sobre o amor, cada vez que ele me fazia penar. O fato é que primeiro fiz uma série de notas afirmando que só poderia dizer o amor numa outra língua — no português do Brasil, parecia ridículo — e acabei arquivando o texto. Um dia toca o telefone, é o editor sugerindo que eu escreva sobre a paixão, o desejo ou o amor. Eu? Por que eu? E já embarquei. Alinhavo rapidamente algumas frases e apresento o projeto, menos para executá-lo do que para ganhar tempo. Tratava-se ali de resenhar outros autores. O editor aceita, eu não tenho como. Um livro no qual o amor fosse objetivado seria contrário ao amor, que não se deixa acorrentar. Seria mesmo uma forma de impostura — não levaria a supor que domino o que me escapa? Dou graças por não ter assinado o contrato e fabrico cinco laudas sobre a impossibilidade de escrever o livro, que a partir daí, sub-repticiamente, começa a se fazer. Quero e não quero, prometo e resisto, na verdade estou tomada. Consigo, entretanto, fazer de conta que estou noutra, engavetando tudo de novo.

Poucos meses depois, é a grande surpresa de ter concebido um filho. Com o ventre, o amor se impõe, se torna um tema privilegiado. O editor telefona e me cobra. Sem saber, pede-me que realize um desejo meu, e eu vou levar os primeiros fragmentos. A forma do texto, diversa do resto da coleção, o surpreende, e eu me ponho a convencê-lo da necessidade do fragmento — solução de Ovídio (*A arte de amar*), Stendhal (*Do amor*), Barthes (*Fragmentos de um discurso amoroso*).[1]

"Bem, está certo", me diz ele, para eu de novo hesitar. Até na França, como observa Stendhal, o amor teme o ridículo, e o livro poderia ser objeto de escárnio. A dúvida, mas o filho que insistia, o ventre e o amor que se impunham. Assim, escrevi "A paixão do amor" — primeira parte — à espera de quem chegaria e era sobretudo um enigma, bem-vindo e no entanto temido. Ia de uma a outra leitura, desordenadamente, um livro, um bilhete, uma carta para encontrar a sequência, que não obedecia a nenhum plano preestabelecido.

Na época, um amigo me deu *As canções de Bilitis*, de Pierre Louys,[2] uma edição que ele guardava zelosamente e lhe era muito cara. Entendi então o dom do amor. E mais ainda a partir da chegada do menino, que me fez escrever "Os dizeres" — segunda parte —, uma análise dos vários ditos do amor (eu te amo, sem você eu não existo, nunca te esquecerei, você é único, sou louco por você, você não existe...). Ali, o texto me parecia ditado, eu o estranhava; o amor soava fora de moda, um arcaísmo, o que me levou à terceira parte, "O amor hoje". Por fim, presa àquela ideia de ser incapaz de dizer o amor no português do Brasil, passei a me perguntar o que é deste sentimento entre nós, descobrindo que a paixão do amor é estrangeira e a nossa é outra, "A paixão do brincar" — quarta parte.

De um a outro ponto, naveguei sem conhecer o rumo, atirando no que via para frequentemente acertar no que não via e daí me reorientar. Assim, larguei da Europa, dos amores de lá, e desembarquei aqui.

O livro é sério? Eu o escrevi brincando, na recusa de um método rígido que me impediria de sonhar. Quanto ao leitor, me interessava que ele se reconhecesse no texto, que o abrisse pelas suas associações e o reavaliasse através das lembranças, de sorte a reconsiderar a própria história.

A paixão do amor

Anjo (...) de que matéria é feita a
tua matéria alada?

Fernando Pessoa

O amor? Como falar dele? Sem eliminá-lo, dizer o que é? Se só existe quando me escapa, como retê-lo numa ou noutra definição?

O projeto é contraditório, mas ele me solicita. O amor não pede licença para entrar, surge já instalado; o desejo que me determina goza da mesma autonomia. Resta ceder e esperar que a própria escrita me tire do impasse. Nisso sou como o amante que tudo espera do amado e, sobretudo, teima em navegar.

Inicio como posso, timidamente — assim, aliás, é no amor, que indicará o caminho se ele de fato me quiser. O receio não é propriamente um empecilho.

Vivo do encontro, se não, da sua busca. Disso a mitologia grega também trata. A beleza de Narciso[3] era radiosa, tamanha que, segundo a profecia de Tirésias, só não se vendo ele viveria. Belo e adorado, mas indiferente à ninfa Eco, que, desprezada, morre de tristeza — será pela morte vingada. Narciso deve ser punido, e a divina Nêmesis o induz a saciar a sede nas águas cristalinas de uma fonte. Aí, fascinado pelo rosto que vê, fica esquecido de comer e beber, cria raízes e se transforma numa flor. Insensível ao outro, se consome na adoração da própria imagem.

Não fosse o amor, a vida não vingaria, porém nós o ignoramos a ponto de menosprezá-lo. Não é então ridícula a confissão pública de uma paixão? Acaso se autoriza os homens, quando entre si, a falar de algum amor que não o físico? Apresentar-se como um ser a quem o outro falta? Nunca! Quanto às mulheres, verdade que lhes é dado falar de amor. Não será assim precisamente por estarem elas de certa forma marginalizadas?

Depreciado, ridicularizado, o amor é o grande banido. Valorizado, só o sexo, a que a modernidade nos entrega para neutralizar a paixão. Só sexo, forma de interditar o amor, fazer de nós puritanos ao contrário.

Sendo uma paixão, o amor é indissociável de um certo não-saber. Apresenta-se como um enigma e nunca se deixa decifrar inteiramente. Impossível saber por que quero tanto e a tal ponto disso dependo, por que ele me ama ou é ele que amo. Ainda que consiga individualizar algo de cativante no seu rosto, no corpo, na postura, no seu modo de sorrir ou de falar, nenhum desses elementos é suficiente para me explicar a razão do amor, que se furta invariavelmente. Não quer isso dizer que na realidade não escolho, sou tomado? Ou, em outras palavras, que a escolha é inconsciente?

Indômito, o amor se impõe à minha revelia, coloca-me de imediato na posição de objeto — embora, assumindo-o, eu possa tornar-me sujeito. Subjuga-me, daí a revolta de um dos personagens de Corneille, Alidor,[4] que ama e é amado, mas recusa a amarra, declara odiar o amor e quer submeter a paixão à razão.

Inês, eu te amo
eu te odeio

O que se lê acima é a transcrição de um grafite. Vi-o quando subia uma rua da cidade e não mais me esqueci dele. Em vez de Inês, poderia ser eu ou qualquer um de nós. Odeio no lugar de amo é o que há de mais corriqueiro, como se o ódio fosse a cara-metade do amor. Sujeita a esta, ameaça-me aquele — quem hoje tanto me quer pode amanhã me rejeitar.

O que explica essa virada? O gesto extremado do amante de Inês? A resposta talvez se encontre numa frase que agora me ocorre, é da máxima gravidade, mas é comumente dita: sem você eu não existo. Ora, se o outro é a condição do meu ser, se para existir dependo sobretudo do seu amor, é óbvio que se este me for recusado posso odiar o outro. Tendo glorificado Inês, quero arrasá-la — uma lógica aterradora, em que a vida se decide e até o crime se torna possível.

O amor é sublime e cruel, estranho que se tenha querido fazer dele um cordeirinho do bom pastor.[5]

Morrer para juntar-se a Deus, o que queria Santa Teresa de Jesus.[6] De tanto amá-lo, dizia morrer de não morrer — a vida que a separava dele equivalia à morte. Embora datado do século XVI, o drama da santa exprime o de todo amante. Estar apartado não é então o que de pior pode haver?

Dois, não fosse este número, o amor não seria. Só surge porque há dois indivíduos, mas quer deles fazer um, anular assim a condição da sua origem. Disso resulta a infelicidade que traz consigo — amor, "martírio simultaneamente delicioso e cruel" (Santa Teresa de Jesus). Impossível de dois fazer um, seja porque a identificação entre os sujeitos esbarra na diferença, seja porque a união dos corpos é fugaz. Não obstante, insistimos neste desejo impossível e o amor vive da crença de poder realizá-lo. Dizer isso é afirmar que, para existir, estamos fadados à insatisfação, e não à felicidade, como tanto supomos.

O amor é uma promessa que não se cumpre e só por o ignorarmos acreditamos nas suas juras, entregando-nos a elas, como se do sentimento ou da vida se pudesse dar ou ter garantias. Indissociável do ódio, o amor o é ainda de outra paixão — a paixão tão humana da ignorância.

De dois fazer um, desejo do amor que precisa suprimir a diferença, igualar os amantes. Se o outro não se assemelhasse a mim, se eu nele não reconhecesse a minha imagem, não o amaria. Ou, o amor é narcísico na sua essência. "Os amantes se amam cruelmente, e com se amarem tanto não se veem", escreve Carlos Drummond de Andrade.[7] Sim, mas a isso é preciso acrescentar que no amado eu vejo o único capaz de me refletir e, assim, confiro a ele uma unicidade que é um bem. Quem, tendo sido a condição absoluta da existência de alguém, renuncia sem dor a tal privilégio?

O amor me oferece o único outro que não é inteiramente outro, e, por isso mesmo, é precioso. Enfim, digo eu, para celebrar o encontro do amado, daquele outro cuja particularidade é tamanha que ele chega a justificar uma vida inteira de espera, a castidade de Penélope durante toda a errância de Ulisses.[8] Vinte anos.

Amor e paz. Quem não quer que assim seja? Mas, sendo narcísico, o amor não suporta a diferença — todo desejo do amado que contrarie o amante precisa ceder. Se você me ama, não pode haver nada em você que me desdiga. Ou somos uma coincidência absoluta ou já não existimos.

Quem ama está sujeito à briga. Nem por isso o amor é sinônimo de guerra, como quis uma certa literatura que só se refere a ele em termos de tática e estratégia. A briga dos amantes é de amor, visa ao acordo e só se resolve através deste. Ocorre para ser superada, daí a rapidez na reconciliação e o pronto desvanecimento de diferenças aparentemente profundas. Assim eu não me surpreenderia se o autor do grafite "Inês, eu te amo eu te odeio" estivesse nos braços de Inês pouco depois de ter escrito e declarado que a odiava.

Se, pelo fato de ser narcísico, o amor provoca a desavença, pelo mesmo motivo procura evitar a ruptura e leva à submissão. No ser do amado realiza-se o do amante, que, sem aquele, ficaria despojado de si mesmo e não quer, pois, se separar, reconhece no desejo do outro o próprio e já não hesita em ceder.

Eros,[9] o amante velado, o que não deve ser visto. Só à noite, protegido pela escuridão, ele encontra a amada, Psique. O amor não prescinde do véu, sua mãe é o pudor, dizia Stendhal. A que se deve isso senão à busca de identidade entre os amantes e ao desejo de encobrir a diferença dos sexos? Desejo que torna a nudez ameaçadora e leva ao culto fetichista da roupa. O corpo, a percepção do que nele faz do amado não um semelhante mas um outro precisa ser evitada. Uma peça da vestimenta, um lencinho, mais me dá a sonhar. Nada aí contradiz a fantasia de que se é um, ilusão tão cultivada pelo amor.

Sexo, uma prova requerida e temida. Não pode ela, obrigando a expor o corpo, desmentir irremediavelmente o amor? Daí ser adiada, a inibição que a precede, a vergonha dos genitais, partes pudendas — que o pudor deve recatar — ou, na forma arcaica, vergonhas simplesmente.

> *— Se você diz que me ama, prove.*
> *— Impossível, as provas são para*
> *os atletas, não para os amantes,*
> *que se amam e nada mais.*
> **Carlito Maia**

Ela exige, e ele, não podendo satisfazê-la, se recusa. O amor é avesso a provas, embora insista nelas. Por isso Psique contraria Eros. Não é uma prova o que ele requeria, exigindo-lhe que nunca tentasse ver o seu rosto, suportasse este enigma? Persuadida pelas irmãs, ela ilumina o amante — para o magoar e perder. Eros não é a serpente medonha que o destino, segundo o oráculo de Apolo, lhe reservava como esposo, mas em contrapartida já não é seu.

Ser amado sem ser visto, incondicionalmente, era o que pretendia Eros. Se Psique o frustra, é que também ela não aceita condições. Um é a imagem especular do outro. O mito expressa um dos paradoxos do amor, que se quer incondicional e nega isso, impondo condições. Por essa outra razão, o amor é impossível, a felicidade dos amantes, como a de Psique, é fugaz.

Se o proibido é o objeto privilegiado do desejo, o objeto perdido é o que o amor mais busca. Abandonada por Eros, Psique sai correr mundo à sua procura, submetendo-se então, por capricho de Afrodite, às mais duras provas, às maiores penas. Atravessa o rio da morte e vai mesmo até o reino de Perséfone — rainha dos infernos —, onde, num cortejo fúnebre, vagavam ininterruptamente as sombras dos mortos.

Perdido, Eros passa a ser a condição absoluta do desejo de Psique — o amor não vive sem a falta, sem o mal infligido pela ausência. O que seria dele sem a solidão?, pergunta Stendhal, enquanto Ovídio afirma que a espera só o aguça, recomenda resistir ao pretendente sem o afastar, de modo a fazê-lo simultaneamente temer e esperar.

O amor é uma promessa e assim faz doer e faz sonhar, entrega-me à tristeza para produzir imprevisivelmente o encontro — que o amor só se encontra onde não é procurado, aparece e se dá. Não é a busca de Psique que a reaproxima de Eros, e sim a iniciativa deste — como a surpresa, o amor é incontrolável.

Psique desconfia de Eros, que vê nisso motivo suficiente para abandoná-la. O amor não suporta a dúvida — a crença lhe é fundamental. Não fosse isso, o conhecido caso de uma senhorita francesa não faria sentido. Flagrada pelo amante nos braços de outro, nega convictamente o fato e, como aquele conteste, diz: "Vejo que você já não me ama, acredita mais no que vê do que em mim."

O amante não deve, como São Tomé, precisar ver para crer. Acredita porque ama e Eros para ele é o Deus supremo. Nada mais a propósito do que uma das histórias do livro *O divã do amor* — antologia árabe compilada por Ebn-Abi-Hadglat. Ele é muçulmano, ela é cristã, e o amor entre os dois é tamanho que faz quase perder a razão. Obrigado pelos negócios a viajar, separa-se dela. No exterior, tendo sido acometido por uma doença fatal, chama um amigo e anuncia-lhe o fim, dizendo que neste mundo já não verá a amada, e, por querer se encontrar com ela na outra vida, torna-se cristão. Depois da morte dele, o amigo vai à casa da jovem, que está de cama. Surpreendido, ouve-a dizer que já não verá o amado neste mundo e assim se converteu, testemunhou que Alá é o único Deus e Maomé, o seu profeta. Na verdade, um estava para o outro acima de Deus. Daí o desencontro, a sina de ambos.

> *Quem disse que eu não te amava?*
> *Amo-te mais que a verdade.*
> **Manuel Bandeira**

Tão idealizado é o amado que, para o amante, não tem nenhum defeito, o que quer que diga, mesmo se tratando de um absurdo, está bem. Tem razão, embora minta ou seja injusto.

Sensível à beleza, o amor ignora a feiura. Que importância teria ela, se o que o amado diz nenhum outro diz ou se dito por outro não soaria da mesma maneira, não me faria ver as mesmas cores ou ouvir assim esta melodia que só a sua presença ou a presença da sua ausência intensifica e faz existir?

O ser amado é invariavelmente belo. O que noutro poderia ser considerado feio, nele é uma forma de encanto. Amando Eros, Psique não poderia sequer tê-lo imaginado medonho, e é por ter incorrido nessa fantasia que se vê condenada a penar. Sendo uma forma de desvario, a paixão tem as suas normas, torna-se implacável sempre que não se faz respeitar. Vingança é então a palavra de ordem, punir o maior gozo numa luta cruel e até mesmo assassina, a exemplo da que origina o relato *As mil e uma noites*.[10] Não é para impedir a vingança do sultão traído que Xerazade a toda aurora lhe conta uma outra história, adiando o cumprimento do funesto desígnio do sultão de esposar e enforcar a cada dia uma nova mulher?

Acima de Deus está o amado — e acima ainda da própria vida. O divã do amor conta que uma jovem cristã riquíssima, da tribo árabe de Tagleb, amando um jovem muçulmano, a ele oferece toda sua fortuna e não consegue conquistá-lo. Perdida a esperança, dá 100 dinares a um artista para que lhe faça um retrato do amado. Recebendo-o, coloca o quadro num lugar para onde vai todos os dias beijá-lo, sentar-se depois ao seu lado e chorar até a noite, quando se despede e se retira. Faz isso durante muito tempo, até que ele morre. Nessa ocasião, vai vê-lo, volta-se para cumprimentar o retrato e beijá-lo, como de hábito, para depois deitar ao seu lado, sendo encontrada morta na manhã seguinte.

Ama-se mais do que a própria vida, morre-se de amor, expressões que poderiam se referir à personagem do conto e mesmo hoje são muito usuais — o amor sem a morte não existe. Para recuperar Eros, Psique submete-se às provas impostas por Afrodite e corre risco de vida. Mas o que é o rio da morte senão o símbolo do gozo a ela prometido, de uma doce morte em vida nos braços-abraços do seu amante?

De Eros e Psique, o fruto, sua filha, se chama Volúpia. Ela passa e, com ela, uma doce vertigem e, enfim o desfalecimento.

O amor gera o gozo. Assim é, a menos que o amor seja uma idolatria. Quem não o soube incapaz do gozo neste caso? O amado que se diviniza é temível, aproximar-se dele é uma temeridade, e o prazer se torna impossível.

Não sou digno de você, diz o amante, que, se sentindo ínfimo, não ousa a carícia. Como poderia o ilimitado aceitar-lhe os limites? A completude autorizar a falta? Melhor é se abster, e o amante ao amado só oferece a sua inibição — para o seduzir ainda mais. A incapacidade do primeiro é a prova da superioridade do segundo, que, enaltecido, se deixa fascinar, se torna presa de si mesmo e do amante.

O narcisismo aqui sustenta a paixão, que pode se perpetuar apesar do sexo ou precisamente porque o insatisfaz. O pão de que o sujeito se priva não é então a maior dádiva? O supremo dom? Nenhum império vale mais ou a ele se equivale.

os nossos olhares perguntavam-se
o que seria o ser sensual e o querer realizar em carne
a ilusão do amor
Fernando Pessoa

O dever do gozo é uma violência contra o amor. Isso é flagrante na história de Baudelaire.[11] Jeanne, mulata viciada em álcool e drogas, "um inferno", é a concubina. Apollonie, loura amiga das letras e das artes, é a mulher cultuada. Face àquela, esta é uma deusa branca, o paraíso. Sem revelar a identidade, temendo o ridículo, Baudelaire envia-lhe poemas e bilhetes. Trata-a de mui bela, mui boa e mui cara, Anjo da guarda, Musa e Madona, celebra este amor ideal, desinteressado e respeitoso.

De 1852 a 1857, tudo se passa anonimamente. Até a aparição de *As flores do mal*, livro de sucesso, provocador de grande escândalo. Nele, agora publicados, os poemas para Apollonie. O amante está identificado e ela se entrega. O fracasso de Baudelaire é completo, assim como a sua decepção — "há alguns dias", escreve ele, "você era uma divindade, o que era cômodo, belo, tão inviolável... agora, você é mulher". E mais adiante, na mesma carta, diz ter horror à paixão, cujas ignomínias todas está farto de conhecer.

A amada era uma "carne espiritual", e não, como Jeanne, feita para o gozo demoníaco desta terra. Para existir, seu "perfume dos anjos" devia ser apenas imaginado.

> *Bem que velho,*
> *te reclamo.*
> *Bem que velho,*
> *te desejo,*
> *quero e chamo.*
> **Manuel Bandeira**

Jovem e delicado, assim é o amor. Cria a novidade e faz sofrer pela inexperiência. Todo amante é marinheiro de primeira viagem.

O caso anterior nada me ensina sobre o de agora, ainda que me deixe entrever o risco da nova travessia. No bilhete ou buquê de hoje, há insinuações de que no passado eu sequer podia suspeitar. Não sei o que fazer ou dizer. O outro é uma incógnita, meu rumo, incerto, e eu próprio me desconheço. Por que me encontro onde estou?

O amado é surpresa renovada, incerteza, perda e reconquista. Para tê-lo, o amante precisa se recriar. A idade? Inexiste, ou melhor, depende, sua medida é a imaginação. Oitenta anos, nem por isso Ninon de Lenclos,[12] a grande libertina francesa do século XVII, deixa de fascinar e receber novos amantes. Quanto à Lolita de Nabokov,[13] a imortal sedutora, era apenas uma ninfeta.

> *O meu amor de agora*
> *é só amor*
> *não é de agora.*
> **Carlito Maia**

O que se diz acima senão a impossibilidade de situar o amor sentido no tempo? Sendo de agora, ele não o é. Passado, presente e futuro lhe são indiferentes — como a eternidade, não se submete à cronologia. Mas ele está sujeito à duração, se quer eterno, mas é fugaz e pode se tornar infeliz.

Nem por isso deixa de ser o bem supremo. Nada vale a infelicidade de amar, dizia Éluard[14] — poeta francês contemporâneo —, exaltando esse sentimento contraditório, cujas razões a razão desconhece e desde sempre só a poesia deixa existir destemidamente.

Uma flor do mal que é um bem, tão alheio à cronologia quanto à lógica, tão contrário a si mesmo e disso se fazendo como o soneto camoniano: "Amor é fogo que arde sem se ver./ É ferida que dói e não se sente./ É um contentamento descontente./ É dor que desatina sem doer".[15]

O amor não existe sem aquilo que o nega. A segurança o adormece — Ovídio chega mesmo a aconselhar a infidelidade para mantê-lo aceso.

Caso nenhuma ameaça exista, o amor a fabrica. Apenas surgido, põe-se a duvidar. Você me ama?, pergunta repetidamente o amante, atormentado pela fantasia de que o amado lhe escapa. Pelo simples fato de querer, imagina uma perda iminente. Tão ínfimo se considera que não pode se acreditar querido. A superioridade do amado desmente suas juras. Só por engano ou ignorância do próprio valor ele me ama, diz-se o amante — como se houvesse uma medida objetiva do valor ou a questão fosse de mérito.

A questão é outra. Até de um criminoso o amor faz uma promessa de felicidade, ou seja, inventa o mérito. O amante só é cego porque ninguém percebe o que ele vê. O amado talvez seja ignóbil, mas sua presença é um clarão e longe dele eu não sei de mim.

O amor traz consigo a solidão, entrega-me a uma falta como nenhuma outra, falta que ninguém senão o amado pode suprir e eu própria não tenho como amenizar; ele não está para me consolar da sua ausência e eu, imaginando-me onde ele está, não conto comigo mesma.

Assim, se acaso ele não me quer, prefiro ignorar essa verdade, doer a esquecer. Daí a história da jovem cristã de *O divã do amor* e de uma outra jovem, rendeira do Nordeste, que, abandonada pelo noivo, passou o resto da vida soletrando no bilro *nunca, nunca, te esquecerei.*

Perdendo-o já não me tenho e só através da memória posso me reencontrar. Sem a lembrança da única voz que me serenava, do olhar que me fazia cúmplice, quem sou eu? Esquecido da sua chegada e do sorriso que a brindava, eu não existiria.

A memória do amor faz viver e morrer, desperta mesmo uma paixão inexistente. Stendhal conta o caso de um estrangeiro que vai se estabelecer numa cidade nova e, encontrando as pessoas afetadas pela morte recente de uma senhora dali, com elas se identifica. As lamentações despertam sua simpatia e curiosidade a ponto de declarar que nunca havia se interessado tanto por nada, atravessar montanhas e planícies atrás das pegadas da senhora, passar dias inteiros chorando e, ao cabo de alguns meses, morrer de prostração.

A reciprocidade no amor é decisiva. Se o outro não me ama, não deixo de amar, mas não tenho razão de ser. A amizade que ele me oferece de nada me serve. Dispenso-a. Assim, no célebre livro de Guilleragues, outrora atribuído a Mariana Alcoforado, *Cartas portuguesas*,[16] sóror Mariana escreve ao amado que a sua indiferença lhe é insuportável, qualificando de impertinência suas manifestações de amizade.

Só o amor compensa o amor. O porquê disso pode ser lido noutras cartas, tanto nas de Heloísa,[17] a abadessa francesa do século XII, quanto nas de Julie de Lespinasse,[18] amiga dos enciclopedistas do século XVIII. "O meu coração não está mais comigo, e sim contigo", declara Heloísa. "Sinto positivamente que não sou mais eu, sou você", afirma Julie. Se o coração está no outro, se o amante é o amado, aquele não pulsa, não vive senão através deste, cuja recusa significa a morte.

O amado é a luz. Na sua ausência, o amante sofre sem procurar afastar de si a dor. Chega mesmo a cultivá-la. Isso fica explícito nas cartas da religiosa portuguesa, que não só afirma ter um certo apego pela infelicidade, de que o amado é causa, como se despede pedindo-lhe que a faça sofrer ainda mais, insistindo no desespero.

Nada pode dissuadi-la. Acusa-o de má-fé e traição, para, entretanto, reafirmar que o ama perdidamente. Aconselha-se a não mais procurar um homem que já não voltará a ver, que atravessou os mares para fugir, se entrega a todos os prazeres e não pensa um só minuto nas mágoas dela. Mas, se o diz, é para logo se desdizer, empenhar-se em justificá-lo, resistindo a todas as evidências de que ele já não a ama, preferindo a paixão às razões de se queixar.

Nada desqualifica o amado, porque sem ele o amor fica sem objeto, e o amante, sem amor. Acima de Deus, o amado, mas, acima de tudo, o amor. Assim, o destinatário das cartas de sóror Mariana lhe é menos caro que a sua paixão; Julie prescinde do sentimento de Guibert para a ele se entregar; Stendhal jura amar Matilde[19] a vida inteira, independentemente do que ela fizer.

Ama-se através do outro, porém também apesar dele e até à sua revelia. Dependo da reciprocidade para ser feliz ou infeliz, não para sentir. Importa menos ser amado do que amar, e, na impossibilidade do gozo narcísico do espelhamento recíproco, quero o gozo da falta — masoquista, sim, ilimitado, contudo.

Morrer de não morrer, dizia Santa Teresa, insistindo no paradoxo de que morrer seria viver. Viver para o amado ou por ele morrer era a alternativa da religiosa portuguesa que, entretanto, estando viva se sente morrer. Aqui, viver é morrer. Num caso e no outro, o amor identifica a vida e a morte, as faz coexistir, e o que era contrário deixa de ser.

Daí talvez a fala de Diotima a Sócrates em *O banquete* de Platão,[20] a ideia de que se deve chamar amor à procriação, presença do imortal no vivo mortal. Diotima, ou a Estrangeira, como a denominava o filósofo, sabia que o amor casa os contrários e assim se efetiva. Sendo mulher, podia ver no ato de gerar o que melhor o exprimia. Se o amor é o desejo de ser Um, a imagem mais realizada desse desejo é a da gestante, este ser Um onde há dois. Ademais, quem, senão esta, deixando o filho se fazer sem saber como é, aceita tão plenamente a condição de Eros, a de ser amado sem ser visto? Suportando o não-saber, a gestante se comporta como deveria Psique para satisfazer Eros. A Estrangeira estava certa. Mais ainda porque o amor, sendo narcísico, só quer a semelhança, que, podendo acidentalmente ser encontrada na vida, é o próprio fruto da procriação. O filho é a cara do pai, é aquele outro que não o é, e merece ser chamado de "um amor".

Amar ou cessar de existir, escreve Julie a Guibert. Sem o amor, a vida de nada valeria. Só que ele pode me matar e, para o suprimir, recorro à vingança. Só ela me torna capaz do esquecimento. Vingando-me, desperto o ódio e me obrigo a perder a esperança de que o amor não prescinde. Certo de já não ser perdoado, desisto.

Assim, numa das suas primeiras cartas, Mariana escreve que ficaria desesperada se a injustiça e a ingratidão do amado a ele trouxessem qualquer infelicidade, prefere vê-lo ficar sem punição a ser vingada. Mais adiante, diz que um resto de esperança a sustenta e, se não a puder alimentar, gostaria de perdê-la inteiramente. Já no fim, decidida a esquecer, declara que pretende entregar o destinatário das cartas à vingança dos familiares.

Se o faz, é menos para o destruir que para afastar o amor de si, é o próprio desejo que ela já não quer e tenta, por essa decisão, anular.

Nem sempre a vingança é eficaz. Ninguém a levou mais longe do que Xariar, o sultão de *As mil e uma noites*. Traído pela sultana, ele a manda enforcar e decapita suas damas. Decepcionado e persuadido da infidelidade das mulheres, esposa toda noite uma e na manhã seguinte a enforca, faz de todas objeto exclusivo do gozo e espera, assim, não mais se iludir. Desnecessário dizer que ele acaba se deixando enredar. Xerazade não só o conquistou, mas é ainda hoje a própria figura da sedução.

O que faz ela? Disposta a impedir a morte de outras jovens, pede ao vizir seu pai que a ofereça ao sultão como esposa. Incapaz de dissuadi-la, o vizir cede. Xerazade se prepara, propondo-se a levar consigo Dinarzade, sua irmã e cúmplice. A esta caberá solicitar-lhe um conto antes do amanhecer. O plano se realiza e Dinarzade se pronuncia como combinado. Quer ainda uma vez ouvir a irmã. Xariar consente e nisso se torna presa de Xerazade, que sabe interromper a história onde esta o interessa mais. Vítima da própria curiosidade, o senhor das Índias concede a Xerazade um dia, mil vezes um dia.

A filha do vizir vence, opondo o sultão a si mesmo, o desejo de ouvir à decisão de matar, o gozo da escuta à repetição assassina do poder. Isso, graças à palavra. Tivesse Xerazade só oferecido o corpo, estaria perdida.

Conquista o sultão pela arma que utiliza e pela tática. Não deixa transparecer a existência de um plano. Não se oferece para contar, só o faz a pedidos — para atender à irmã. Xariar é pois indiretamente envolvido e, se deseja ouvir mais, sequer precisa se manifestar. Dinarzade se ocupa de elogiar a história e Xerazade, de propor a sequência. Assim, esta o coloca na posição privilegiada de quem nada quer e só concede, poupa-lhe a demanda e faz apelo à sua generosidade, reconfirmando-o no desejo de tudo poder.

Nada deve se opor ao sultão, e Xerazade dissimula o próprio poder. Além disso, é vitoriosa por contrariar todas as expectativas. Quem teria se oferecido como esposa para morrer? Daí resulta a sedução perpetuada pela força da palavra, que faz de Xerazade uma mulher única, à diferença das outras anteriores, todas idênticas, intercambiáveis sob a perspectiva do sultão.

A vez é do amor, único recurso contra o ódio e contra os tiranos, evitando mil mortes, legando-nos mil e uma noites de volúpia.

Várias são as manhas do sedutor, mas, como Xerazade, ele sobretudo nunca se opõe ao seduzido, opõe-no a si mesmo, oferecendo-lhe precisamente o que mais quer.

Assim procede Don Juan[21] na vida e nas peças em que figura como personagem. À camponesa, dirá que não é mulher para casar e viver no interior. O sonho de quem mora na cidadezinha sendo a cidade grande, ela será incapaz de resistir. O sedutor é a fantasia do seduzido, que entretanto só se entrega porque o primeiro se apresenta como já vencido.

Para suprimir todas as resistências, há que ser só desejo, mostrar-se indefeso, como aliás Xerazade. Que razões teria Xariar para resistir a esta mulher que faz dele a condição absoluta do desejo e por ele está disposta a morrer?

Seduzir é desarmar-se — por mais estranha que essa sinonímia pareça.

Xerazade conquista impelida pela necessidade. Don Juan, pelo só gosto de vencer a resistência. O Don Juan de Molière quer voar de vitória em vitória e, como Alexandre, o Grande, desejaria outros mundos para a eles estender suas conquistas amorosas. Toma-se por um general e só concebe o amor através da guerra, usa-o para testar o próprio poder — precisa seduzir para se afirmar. O amor em questão é o de si mesmo, sendo o outro um mero pretexto.

Don Juan desconhece limites, o fim justifica os meios e até a promessa de se casar vale como recurso. O limite é o sucesso que entretanto só é obtido se o outro se desmoralizar. Assim, Don Juan insistirá naquilo que desonra as mulheres — o gozo —, prevalecendo-se da desigualdade entre os sexos para se realizar. Vence para logo deixar o território — sendo uma entrega, a permanência o ridiculariza. Don Juan se agita de uma para outra, só encontra prazer na mudança. Não se fixa em nenhuma e, sem nunca se satisfazer, se satisfaz com qualquer uma, exercitando-se numa estranha contabilidade — a de cada vez contar menos uma, uma a menos para ter enfim seduzido todas.

A misoginia de Don Juan é incontestável. Além de recusar a igualdade, só tem olhos para todas porque não vê nenhuma, desconhece a especificidade — cada uma das mulheres é pois idêntica a qualquer outra.

Para ele, o amor é uma esparrela, uma forma de caçada. Interessa-lhe fazer-se amar, suscitar a paixão. Amar, nunca. O outro único que me faz tanto esperar--desesperar inexiste aqui, e o nosso personagem só fala de amor para negá-lo. Apesar disso, goza de prestígio. Implicando menos riscos, o partido da inconstância é concorrido.

De longa data, Don Juan é um arquétipo da virilidade, que entre nós se caracteriza pela recusa do sentimento, de toda falha ou falta. Don Juan é de pedra, é o único dos humanos que desafia o amor, não arde — na peça de Molière, ele termina pegando fogo.

Quem o feio ama, bonito lhe parece.
Adágio popular

Inúmeras são as belas que Don Juan encontra. Já para o amante, só o amado existe, é exclusivo, nenhum outro ocupa o seu lugar. Mas por que este, o que nele me seduz?

Sócrates dizia que o amor visa ao belo. Entretanto, o rosto do amado mais me toca que o do artista modelo de beleza. Vejo naquele, no sorriso apenas esboçado, o que fomos na véspera ou o sonho do que seremos, reencontro a mesma amenidade e me certifico do nosso bem-querer. O feio no amado me é indiferente, só valorizo os detalhes nos quais reconheço a beleza — a cor dos cabelos, ouro-luz, dos olhos, o sorriso... Nenhum critério objetivo de beleza é válido, da escultura, da pintura, do cinema ou da publicidade. Belo é quem se faz amar, embora a propaganda tanto insista no contrário.

Mas então por que ele e não outro? A resposta toda, definitiva, me escapa. Sei, porém, que o amado é simultaneamente objeto de respeito e de pena. Amo-o pelo que não tenho e ainda pelo que lhe falta. Imaginamos juntos ser completos e, assim, nos desejamos inseparáveis.

Acima da beleza física, a paixão. É desta que mais precisamos. Sem um dizer que a desperte ou sustente, a paixão não existe. Rostand, o dramaturgo, autor de Cyrano de Bergerac,[22] bem sabia disso. Daí o diálogo entre Christian, que era belo e não conseguia dizer o amor a Roxane, e Cyrano, o narigudo, feio, mas eloquente:

Christian:	*Preciso de eloquência!*
Cyrano:	*Eu te empresto!*
	Empresta-me charme físico
	(...)
Christian:	*O quê?*
Cyrano:	*Você teria forças para repetir as coisas*
	Que eu lhe ensinar?
Christian:	*Você me propõe...*
Cyrano:	*Roxane não se desiludirá!*
	Quer que a seduzamos juntos?
Christian:	*Mas, Cyrano!*
Cyrano:	*Você quer, Christian?*
Christian:	*Você me atemoriza!*

Cyrano: *(...)*
              Quer (...) pôr a colaborar os seus lábios e
              as minhas frases?

Cyrano é convincente e Christian a ele se associa. Serão, assim, as palavras daquele na boca deste para conquistar Roxane, que se deixa levar.

Roxane: *Oh, como ele é belo, espirituoso, e como*
              eu o amo!

Cyrano: *Christian é assim tão espirituoso?*

Roxane: *Meu caro, mais até do que você!*

Cyrano: *Admito*

Roxane: *Para mim, não há*
              Quem diga melhor esses lindos nadas que
              são tudo.
              Às vezes, ele está distraído, ausentes as
              suas musas
              Daí, de repente, diz coisas arrebatadoras!

Christian seduz pelos lindos nadas e só porque os diz. Assim, decidido a falar por si, tendo recusado o auxílio de Cyrano, ele fracassa.

Christian: *Eu te amo.*

Roxane: *Sim, me fala de amor.*

Christian: *Eu te amo.*

Roxane:	*É o tema.*
	Floreia um pouco.
Christian:	*Eu te...*
	(...)
Roxane	*Sem dúvida. E o que mais?*
	Vê se consegue recuperar a eloquência.
Christian:	*Eu...*
Roxane:	*Você me ama, isso eu já sei. Adeus.*

O amor precisa ser dito, necessita das "palavras de amor". Se Roxane pede a Christian que as profira, é que na falta delas falta o sentimento. A aliança Christian--Cyrano se impõe e através dela Roxane será de novo seduzida. O amor renasce das palavras, das cartas.

Roxane:	*Eu lia, relia, eu desfalecia,*
	Eu era sua. Cada uma dessas
	pequenas folhas
	Era como uma pétala que voou
	da sua alma,
	A cada palavra dessas cartas
	inflamadas, sinto
	O amor poderoso, sincero.

A tal ponto é tomada pelos dizeres e pelo texto que reconsidera o valor da beleza para si.

Roxane: *Peço a você que me perdoe...*
o insulto de, por frivolidade,
ter amado de início só pela beleza.

Em suma, para amar é preciso, como dizia La Roche-foucauld,[23] ter ouvido falar de amor.

Os dizeres

Nada foi dito
Tudo foi dito
O nada que tenho ouvido
tem sido o meu tudo
Anônimo

Assim poderia ter-se exprimido Roxane. Mas de que nadas se faz no amor o tudo? O que diz ele? *Eu te amo*, para logo de novo se repetir nisso, redundância de que o amante precisa para exacerbar a própria falta, certificar-se assim do amor — não doendo já não amaria e a minha solidão seria tão sem esperança! *Eu te amo*, forma ainda de indagar se você me ama, se entre nós há reciprocidade, se é tua a minha fissura — sendo, torno-me indispensável e posso momentaneamente esquecer de mim. São três palavrinhas servindo mágica e contraditoriamente para abrir e fechar a chaga, me prender e me liberar. Eu te amo, uma frase tão comum e no entanto temerária, porque expõe a minha falha e revela uma fraqueza — como ousaria eu proferi-la sem medo?

Temo te/ me perder, e, se o que digo não encontrar o eco esperado, mais nada faz sentido. Na tua ausência, sinto falta, saudade, urgência de te reencontrar. Digo então o mal que a tua ausência me causa: *sem você eu não existo* ("sem você, meu amor, eu não sou ninguém" — Vinicius de Moraes).[24] Sendo o meu mal, é o maior bem, insisto em você para não desistir de mim.

Mesmo na tua presença, entretanto, corro o risco de estar só ("na tua presença muito é pouco" — Caetano Veloso). Pelo simples fato de ser outro, você me escapa, é outro desejo e preciso te enredar nas malhas do meu, seja como for, inclusive através do confronto. Tento, como posso, te trazer para junto de mim, anular o que nos separa; na verdade, como a medusa, eu queria te petrificar — só assim seríamos um só desejo.

Mas somos dois, dois sujeitos, e esse desejo é impossível. Incapaz de realizá-lo, o amor é impotente. Imagino-o no entanto capaz e do amado eu exijo mostras disso. Se ele, como a mãe ("meu bem, meu mal... meu mar e minha mãe" — Caetano Veloso),[25] é tudo para mim, não pode haver nada que ele não satisfaça, e eu ordeno *prova que me ama*, para mais ainda me desesperar. A mãe está definitivamente perdida. Esquecido disso, entretanto, quero vê-la ressurgir.

O amor rememora a perda original e o faz negando-a. A ele não importa a verdade, só a certeza de não ser desdito e de poder se renovar. Das ilusões é a que mais cultivo. A tudo eu prefiro amar, disso dependo não para ser quem sou e sim o que quero ser, sonhar comigo outro, vagar embora, navegar sem leme em alto-mar, esquecido do chão onde de fato piso.

Por isso, juro que te amo e nunca te esquecerei. Assim eternizo cada centelha que me ilumina, fixo o clarão — como mágico, torno possível o impossível. E, se não sou digno de você, isso me mata e contudo não me afeta — mais vale o amor do que a vida. Se você não me quer, peno, porém insisto — acima de você está a paixão. Por isso, digo e reafirmo que, *se já não me ama, prefiro morrer*, morrer de amor, pedindo até que me faça sofrer ainda mais.

Daí a dúvida, a necessidade dela. *Você me ama?*, indago repetidamente, menos para estar certo de você do que para temer o não, saber assim que te amo. Interessa-me antes a emoção provocada pela pergunta. Na realidade, nunca espero a negativa. Mas o sim que virá de nada me serve, ele silencia o amor quando quero ouvir mais. Ignorando pois a resposta, passo de novo a duvidar e digo *se você me amasse...*, reafirmando então que você é único, te ouvir é como ler *As mil e uma noites*, que você me surpreende, me suspende, me faz ser outro e mais eu mesmo fazendo-me amar.

Vivo para a sua chegada e me entrego à espera, donde, aliás, o caso de uma conhecida que, indo visitar a mãe em outro estado, nunca a avisava, para evitar que se aprumasse uma semana antes e ficasse na porta sete dias a aguardar.

O melhor da festa é esperar por ela, diz o adágio popular, que a história de um mandarim apaixonado por uma cortesã ilustra. Se ele quisesse, ela se entregaria, desde que passasse cem noites sentado no jardim embaixo da sua janela. O homem consente nisso e ali comparece religiosamente... No nonagésimo nono dia, entretanto, se levanta e vai embora. Semelhante à história do mandarim, a de um ex-sargento nosso. Natal, ele então jovem, ela dona do maior bordel dali, mulher de prestígio, disputada. Impossível abordá-la; várias tentativas, ela que não o enxerga. Um dia, é transferido, deixa o Nordeste para o Sul, aí viver esquecido da areia branca e dos coqueirais; da mulher, não. Passadas duas décadas, volta, visitar a cidade. O bordel está intacto, uma cidadela, e ela, estará lá?, a que há vinte anos ele sonha rever. Idêntica, radiosa, e o ex-sargento, agora turista, se apresenta, contando-lhe quem é através do seu antigo querer. Seduzida por isso, ela se oferece a ele, que aceita o uísque, porém depois se retira. O país desejado importa mais do que o país onde de fato se está (Proust),[26] poderia ele ter dito, ou ainda, como no *Livro do desassossego*,[27] ordenar que fizesse o dever de mera taça, cumprisse o mister de ânfora inútil para ninguém dizer dela o que o rio pode dizer das margens, que existem para o limitar.

Assim, *eu te quero* significa *eu quero querer* — noventa e nove dias (o mandarim) ou duas décadas (o ex-sargento) —, pedindo que me deixe amar, se deixe escolher e possa suportar o enigma da paixão. Preciso de você inusitado como é — oferecendo-me o imprevisível, entrega-me à aventura. Teu corpo é sempre outro, ainda que eu reconheça nele um certo modo de olhar, de sorrir. No timbre da tua voz, há algo de estranho, embora ela sempre me acalente. O que você diz é um oráculo, exige de mim o esforço de te decifrar e me redescobrir, eu que me perdi no teu fluxo, submergi nas tuas águas e na tua presença, vejo o céu sem saber a que constelação você pertence.

Mas quem sou eu, que a estrela da manhã revelando ofusca? Quem é você, que resvala como a verdade, nunca se diz inteiramente e me enreda na espera do que está por vir? Uma perspectiva nova se desvelando, um outro caminho que se ilumina — sendo a memória do futuro, você me obriga a reconsiderar o passado. O que fui já hoje não conta, e o presente é o só desejo de saber por onde andaremos. O mesmo elo nos ligará? E, por temer você esquecido do que fomos, eu, se possível, acorrentaria o tempo.

Você me obstina e, torturado, digo que você me enlouquece, me faz perder a razão — só existo por ter-me um dia separado da mãe e, no entanto, recuso a ideia de me separar, nego a condição do meu ser. Só morto já não estaria sujeito ao tempo, quero-o, porém, suspenso. Exijo de você garantias várias, é contudo a incerteza que me faz arder. Insisto na tua presença, é a ausência que exacerba a paixão. Venço todos os obstáculos para chegar a você, mas, para te experimentar, recuso o que me pede. Não dou o que quer e só reclamo o que na realidade não desejo.

Sei-me contraditório, desconheço entretanto uma saída. Percebo que o amor não é feito nem de respeito nem de mesura. Ouço-o afirmar imperativo "serás quem eu quiser" (Fernando Pessoa)[28] e vejo que à sombra dele nascem, crescem e frutificam os ódios mais profundos e não me libero. Até digo *chega de amor*. Todavia, sou impotente. Impossível renunciar a um gozo tamanho, gozo infinito do outro que se adia.

Errar pelas tuas sendas, perseguir-te em vão, dissipar-me nisso. Que me importa o desgaste? A espera que me mobiliza é puro nomadismo — incontáveis as vezes em que pude partir imaginariamente, ser o itinerante, dizer-me adeus para te encontrar. Vivo da repetição em que me perco, devaneio que me leva, voragem. Quero o excesso e assim passo ao *eu te quero muito*, intimando-o a me endoidar. E, se você se recusa a isso, para satisfazer o desvario, encontro nos fatos a evidência necessária. Nada me tortura e me enraivece mais do que o ciúme. Em *Dom Casmurro*, Bentinho, de ciúme de Capitu, quer "cravar-lhe as unhas no pescoço, enterrá-las bem, até ver sair a vida com o sangue". Anos depois, já casado, encontra no só modo como Capitu olhava para o cadáver de Escobar — "tão fixa, tão apaixonadamente fixa" — pretexto para se mortificar, e, embora conclua que "a antiga paixão o ofuscava e fazia desvairar", acaba por se separar dela.[29]

Sou vítima do ciúme, mas preciso dele para atear fogo no brasido, me inflamar, sofrer por imaginar-me excluído e ainda por ser ciumento — acaso o sou sem por isso me censurar? O amor ressurge daquilo que me envergonha, deste ciúme absurdo que tenho de você.

Se eu, que te amo tanto, abandono momentaneamente as tuas plagas para pousar noutras e aí permanecer esquecido, se eu, que desejo estar preso, escapo à minha revelia, como não supor que o mesmo te ocorre? Basta vê-lo calado, o olhar pasmo no horizonte, para saber que falto em você e deduzir que outro ocupa o meu lugar. Não fosse o rival, a minha desaparição seria inexplicável; ele me escuda contra a morte que você me impôs. Bato-me contra o rival para não soçobrar no vazio.

Nunca o vi, mas conheço-o melhor do que ninguém. O que quer ele senão me derrotar?, pergunto, embora eu já não saiba se luto ainda para te reconquistar. O rival é uma bússola que me desnorteia. Se eu antes só dizia *você e eu*, sentindo-me agora ameaçado, digo é *você ou eu*, quero o passado e, ciente de que não há volta, imagino o teu fim — ódio do amor. A ambivalência me persegue. Este corpo de que você era a alma vive, porém mal se arrasta, tornei-me um fardo, já não me enxergo no espelho das tuas águas nem me ouço dizer em você — o tempo das horas é a agonia da falta que não devo sentir.

Verdade que caminhávamos sem rumo e nenhum projeto existia senão o de caminhar, a paz era o nosso único acordo e ignorávamos se algum outro existia. Agora, de que me servem a certeza do rumo a tomar e a ciência do desacordo, descobrir assim que para sempre é tempo nenhum? O amor? Prefiro-o hoje mudo, ser surdo para ele. Da musa fez-se a medusa e eu me fiz pedra, a tudo sou insensível e me pergunto se tamanho encanto era só feito de engano.

Sonho meu, você se interpôs entre mim e o meu sonho, entre você e eu se impôs você, obrigando-me a ver a realidade — nós que "vivíamos horas impossíveis, cheias de sermos nós... porque sabíamos... que não éramos uma realidade" (Fernando Pessoa).[30] Saudade da tarde imemorial em que flanávamos — esquecidos do tempo e da distância — por uma estrada que me embalava. Vejo ainda o ocre do horizonte e a quaresmeira em flor, que você parecia ter encomendado para celebrar a nossa hora. Uma tarde sem ideia de começo ou fim em que existíamos no meio e só para este, felizes.

Ali, eu vivia despercebido do que de fato sou, indagava quem é você não para saber, mas para imaginar, e era tal o fascínio que eu dizia: *você não existe*. A magia me exportava de mim, suspendia-me o corpo e eu levitava, só não duvidando que estivesse vivo porque pulsava em você — eu era o ausente, eu não estava em mim, e você era antes uma aparição. Um desconhecia o outro, por mais que o fixasse e soubesse da própria luz no brilho do olhar que via. Um e outro absolutamente irreais, porém só isso eu queria e assim nada podia ser mais real.

Ali, você me levava pela mão e me introduzia noutra cena, longínqua, fazia-me criança e deixava-me olhar e ver embevecido. Nenhum pacto explícito havia e, no entanto, parecíamos ter combinado nunca interferir na cena que se descortinava para o outro. Ora um simula saber o que ignorava, ora o contrário, e isso porque só nos importava coincidir — a delicadeza era extrema.

Se eu hoje me pergunto por que eu, por que você?, ali, isso não fazia sentido, eu não era eu, você tampouco você, e só vigorava a certeza de termos nascido um para o outro, como o filho e a mãe. Negar que você é o meu tipo seria negar o sonho que tive e isso é impossível, ainda que a censura se exerça sobre ele e eu já não possa me lembrar.

Esqueci, mas continuo vulnerável, o sonho se lembra de mim. Já não me precipito, abrir a porta que você saindo acaba de fechar, nem insisto na sua volta. Se no entanto você se apresenta no cartão que me enviou ou nestas folhas secas encontradas por acaso entre as páginas de um livro, sinto que já não posso comigo, vou desandar, quero de novo ser o caminhante e o visionário. Procuro separar-me de você, porém só encontro o que me liga. Aceito ser quem sou no cotidiano, usar esta máscara necessária para sobreviver, mas para viver dependo de você. Obrigado a pronunciar *já não te amo*, digo-me *adeus, ai de mim*. "O amor é antes de tudo nada" (Denise Milan).[31] Verdade. Permitia, contudo, matar o tempo, gozar o infinito — você era o sonho que eu nunca antes havia ousado sonhar. A coragem de hoje é a recusa de toda ousadia e por isso me amesquinha. Não corro risco de morte. O coração bate?

Quis voar e tive asas, tamanho era o fôlego e a possibilidade de recomeçar. De quanta espera eu me fazia, quão capaz de suportar a incerteza, atravessar continentes em busca da deságua, o meu rio no teu mar. E as cores todas que, apegado ao cinza, já não vejo? O odor mágico do jasmim, da camélia, dos lírios--brancos que você preferia? Insistindo no meu fogo, eu me aquecia, e se havia nuvens no meu céu, era porque eu via o dia... tua ausência prenunciava uma chegada.

Contemplar em silêncio a tua imagem, adivinhar o que você desejava... eu era monotemático, mas desconhecia a monotonia. Às vezes, ocorria-me sermos obra divina — éramos perfeitos —, outras, obra de arte — parecíamos seres fictícios. Ambos suicidas e assassinos — eliminávamo-nos, deixando-nos eliminar pelo sonho do outro. Fui mendigo e fui rei. Pedinte, eu te dava o que não tinha, um vasto império. Agora que te/ me perdi, nem amigo do rei eu sou.

A dois passos, você é hoje inacessível... era a tua presença em mim que me dava acesso. *A culpa é sua*, digo. Antepondo-se à imagem de si, na qual eu me realizava, você insistiu em se mostrar, dizer o que eu não queria enxergar nem ouvir. Assim, te culpabilizo, pois, se não o fizesse, como poderia me assenhorear do ocorrido, acreditar ainda no amor e reafirmar que ele um dia será possível?

Para te amar, construí a mais alta torre de marfim, uma redoma. Ali, nada nos afetaria, supunha, viveríamos dos olhares de um para o outro. Insensivelmente, contudo, o exterior nos arrebatava, você se desviava de mim e eu de você, passamos então a nos fitar sem ver o que olhávamos, até que só tivéssemos olhares para o que estava fora.

Constato isso, digo que a culpa é sua, porém na realidade não sei por que me perdi para você. Queria você, mas não o seu querer. Queria te servir, mas temia ser usado. O teu querer devia ser apenas o meu. Nisso estava o amor, que de certa forma o sexo contrariava. O teu gozo não podia ser apenas o meu, era outro e me apartava de você. Aonde te levava este fôlego, este gemido, este suspiro? Ali estava a evidência de que éramos dois. Impossível satisfazer o gozo sem violentar o amor. O corpo sexuado desdizia o corpo sonhado, que, me tomando, nada exigia, entregava-se conforme a fantasia no ritmo do meu prazer. Já para te satisfazer, era necessário um desempenho e, se havia prazer nisso, para me sentir amado, precisava nada ter que fazer ou provar. O amor tornava-me onanista, e, cobrindo-te de rosas vermelhas, eu adiava o nosso encontro... tudo por amor, você entretanto supunha que não.

O nosso sexo era ambíguo. Sem ser andrógino, cada um era homem e mulher. Sem ser travesti, cada um encarnava os dois sexos... assim o amor mascarava a nossa incompletude. Impossível saber quem éramos, e eu hoje me pergunto se não era a máscara que amávamos. A irrealidade me fascinava, existíamos à meia-luz da fantasia, das tantas centelhas em que ressurgíamos. O meu fogo se consumia no teu e só a súbita consciência de sermos irreais nos atemorizava e me entristecia. O desespero, contudo, se resolvia na delicadeza, o amor encontrava o humor, enlanguescidos nós sorríamos, até o riso farto e o gozo de nos fartarmos só com isso. Nosso repertório era variado, fui mendigo e fui rei, fui mascarado e fui palhaço, o amor era uma iniciação permanente, a cada vez eu me desdobrava noutro ser — um ator escolado no sentimento, inconsciente de si mesmo e do seu personagem.

Vivíamos do encontro e só para ele, nossa situação, entretanto, era impossível. Nem o aconchego da presença nos saciava, duvidávamos de ser amados, apesar das juras — exacerbando a pena que pretendíamos evitar —, exigíamos a entrega, que na verdade queríamos adiada. No amor não havia solução. Morrendo para ele, nos despedíamos de nós mesmos. Assim, chegamos a vislumbrar a morte, como Tristão e Isolda,[32] desejamos que o dia cedesse a ela. A morte nada destruiria, salvo o que nos impedia de nos amar para sempre.

O amor hoje

Contrariando a ideia que se quer fazer dele, o amor frustra, invariavelmente, a promessa de um *happy end*. Segundo Denis de Rougemont,[33] a história do amor no Ocidente repete a de Tristão e Isolda, amor-paixão desejoso de uma felicidade que ele próprio afasta. Sendo o amor do amor, quer o impossível, e a saída é a morte. À luz do dia, prefere a noite e a ela entrega os amantes.

Isolda: *Deixe o dia,*
            ceder à morte!...

Tristão: *As ameaças do dia, assim as desafiaríamos*
            agora?...

Isolda: *Para escapar ao seu engodo!...*

Tristão: *Sua luminosidade crepuscular algum dia*
            nos ofuscou?...

Isolda: *Que a noite dure eternamente para nós...*

Os dois: *Oh, noite eterna*
            doce noite!...
            Sublime
            noite de amor!...

Aquele que você envolveu,
aquele a quem você sorriu,
poderia ele sem angústias
ser-te arrancado pelo despertar?...
Expulsa agora a angústia
doce morte,
morte de amor,
desejada com tal aspiração...

Richard Wagner[34]

Tristão e Isolda, um mito que a língua perpetua. Acaso não se diz *morrer de amor*? Verdade que o sentido é diverso, mas, se o dito persiste, é porque cultivo a paixão, insisto naquilo que me fere. Sou um trovador, embora não me reconheça nele. Já não exalto o amor infeliz, porém desconheço outra forma de amar. Sendo moderno, sou medieval e, se eu o nego, o que vivo me desdiz. O amado não é então aquele que a vida me interdita? Só a paixão fatal me faz vibrar. À diferença dos antepassados, exalto o *happy end*, possível só no cinema. Se me caso por amor, logo me descaso — o amor se desgastou no cotidiano. Na certeza do outro, eu soçobro. O casamento é o contrário de sangrar e de existir. O meu tempo ali não é o da faísca, mas o da eterna presença. A paz implícita é só mornidão, e eu, que procurava uma baía serena, quero sair deste espaço sem risco, quero os desmandos da paixão. Vivo do sonho de um além do outro e cultivo a ideia da ruptura — mudar de parceiro para me renovar. Exercito-me nisso repetidamente e nunca me satisfaço.

O amor é infeliz, reencarno Tristão e Isolda. À diferença deles, entretanto, acredito que a felicidade é desta terra e por isso sou infiel, passo de uma ilusão a outra, de um a outro ser amado, e assim, consumindo, vivo a paixão.

O fato é que já não sou Tristão, Isolda. Se o interditado me fascina, desisto logo do impossível, o meu amor se desloca. Sou imediatista. Acima de tudo, o gozo, a volúpia física, nela a paixão se realiza.

A arte de amar é hoje a de gozar, e o saber dos sexólogos nos governa. O mito do amor eterno foi substituído pelo mito do orgasmo genital perfeito. O amor é o sexo programado, o mesmo para todos, exigência de conformidade às regras sexológicas. Você deve ter orgasmo, deve se saciar. O imperativo é erigir-ejacular. Através disso você, mulher, deve se satisfazer. Se me diz que termina podendo recomeçar, respondo que é insaciável, nego a diferença. O amor tornou-se uma *performance* cuja pobreza é evidente nas revistas em que vemos proliferar repetitiva, fastidiosamente, o falo ereto e a vulva exposta para o receber, o gozo prometido é só do orgasmo e este, um dever — monotonia da previsibilidade absoluta. Deixei de ser sujeito do amor para me tornar um autômato, e se nenhum corpo se assemelha ao outro, nenhum pênis ou vulva, se o prazer nunca ocorre da mesma maneira e o imaginário de cada um se realiza diversamente, a publicidade existe para negar isso, fazer de nós seres idênticos e, assim, intercambiáveis.

Daí, aliás, o silêncio atual do amor, que só se diz através de estereótipos (*te quero/ não te quero*) e precisa do exibicionismo para se exprimir. Isolda era única pelo que a ela ou dela dizia Tristão. Nas palavras dos amantes, moldava-se a singularidade.

Do amor, hoje, só restou a palavra *amor*, mas esvaziada dos sentidos anteriores. Acaso digo sem me ridicularizar que o melhor da festa é esperar por ela ou faço do amado a condição absoluta do desejo e vivo abertamente na idolatria do mesmo? A ausência, quem hoje a cultiva ou escreveria, como Stendhal a Matilde, que a deixava para mais estar com ela?

Deprecio o sentimento amoroso e, no entanto, quero o amor. Sei da sua magia e o invoco como um abre-te sésamo — somos milhares a proferir a mesma palavrinha. O que significa isso? Porque insisto naquilo que desvalorizo, o amor se obstina e persevera? Impossível me reconhecer no autômato! Idêntico a todos ou outros, quem sou eu? Pedro vale Paulo que vale José, só a ilusão do contrário me salva. Preciso sentir que sou único, resistir à equivalência, desistir, se necessário, de ser moderno — o amor é um arcaísmo que me serve de escudo, me serve a promessa de ser.

Banido, deportado, sub-repticiamente o amor volta à cena e traz consigo o sujeito. Este retorno não seria hoje subversivo?

A paixão do brincar

O amor-paixão deixou de ser um tema da atualidade. Seria ele brasileiro? Se, como diz Oswald de Andrade, a religião nacional é o Carnaval,[35] o que é o amor do amor?

O Carnaval... dia do esquecimento. O ano é de miséria, mas ali disponho de toda a riqueza, vivo deslembrado da realidade na fantasia, nego o que me falta, pulo esquecido da tristeza na alegria e, se amanhã é Quarta-Feira de Cinzas, amanhã não é hoje. O amor, contrariamente, é a rememoração incessante do que me falta. Se acaso imagino que me escapa, peno, ele deve ser eterno. O carnavalesco é desmemoriado, o amante é só memória. Aquele é imediatista, este faz a hora através da espera. O primeiro só existe pela presença, o segundo, para existir, requer a ausência — num caso, o gozo só do corpo, noutro, a vida toma corpo nas palavras. O erotismo no Carnaval deve ser exibido, no amor ele nasce das entrelinhas. Ali, ninguém é de ninguém e somos coletivamente solitários. Aqui, sou desvairadamente seu/ te quero meu e cultivo a ilusão de já não ser um indivíduo só. A religião que tenho enquanto carnavalesco contraria o amor-paixão. Devoto? Ora... só do brincar.

O que no passado me explica no presente? Pero Vaz de Caminha,[36] sua carta, o português que desembarcando descobre a inocência do nativo e se deixa fascinar. O que via ele na índia senão aquelas "vergonhas tão altas e cerradinhas e tão limpas das cabeleiras que de as muito bem olharmos não tínhamos nenhuma vergonha" ou "vergonhas tão nuas e com tanta inocência descobertas que não havia aí nenhuma vergonha". O que via senão o corpo que inocenta o olhar, desculpabiliza e existe para o brincar? À religião de lá, a terra descoberta opunha o corpo todo exibido e entretanto puro, catequizava assim o descobridor.

O amor-paixão — amor do amor — é feito de memória e de espera. Por isso, o machismo é contrário a ele. Se o amor é a entrega daquilo que me falta, a dádiva do que não tenho e a exposição da minha falha, macho que é macho acaso pode se reconhecer nele, insistir no outro que lhe falta e na própria fissura? É de ferro e se forja na dor contida, sabe do gozo e cala o desejo, recusa amarras e nunca perde as rédeas, só se quer casado ou saciado. O amor o ridiculariza e humilha, só para maricas.

A ele dizer *sem você eu não existo* ou *se já não me ama prefiro morrer*? A ele que só conta consigo e nada ameaça, na mulher vê a sua antítese, senão o mal. O amor se dá entre semelhantes e contraria o machismo, que estabelece uma diferença de essência (forte/ fraca, bom/ má, puro/ impura) para desautorizar o desejo e o gozo dela — o amor, o demo, a danação, diria o machismo, como aliás na paixão cearense:

> *Lá pras banda onde eu nasci*
> *já se falava do amô:*
> *todas as boca dizia*
> *que era farso e matadô*
> *Nas marvadage do amô*
> *não há cabra que não caia*
> *quando o diabo tira a roupa,*
> *tira o chifre e tira o rabo*
> *pra se vesti c'uma saia*
>
> **Catulo da Paixão Cearense[37]**

O dito que desperta o amor deve ser evitado e obriga o machismo a só falar do gozo. Entre homens e para descartar as mulheres. O amante diz para o amado, já o macho conta o ocorrido para evitar a cumplicidade homem/ mulher, viola a intimidade para se escudar contra a paixão — a amizade masculina se funda na inimizade entre os homens e as mulheres. O machismo se sustenta no que se diz de macho para macho, e só o masoquismo explica a mulher-macho-sim-senhor se reconhecendo numa ética que a desvaloriza e quer banir.

O amor nem sempre se diz entre os sexos, mas fala para os dois, faz de ambos destinatários. Se o amante exige do amado provas de amor, é que ele sabe do desejo em si e no outro. Já o machismo afirma que há um só desejo — "ele é quem quer/ele é o homem/eu sou apenas uma mulher" (Caetano Veloso) ou "na presença dele eu me calo/eu de dia sou uma flor/eu de noite sou seu cavalo/a cerveja dele é sagrada/a vontade dele é mais justa" (Chico Buarque).[38]

O querer e o falar sendo para ele, o desejo dela deve se subtrair — entretanto, sendo isso impossível, ela para ele só sabe trair, e ele, para se afirmar como o único desejo, a deve subtrair. A exemplo disso o que diz Jonas em *Álbum de família*, de Nelson Rodrigues:[39] possuir e logo matar a mulher que se ama. Ou Paulo Honório, em *São Bernardo*, de Graciliano Ramos,[40] considerando que matar Madalena é ação justa — ele então não a supõe infiel? O desejo feminino é ilegítimo, e a mulher é culpada *a priori*, a suspeita serve de prova. O sexo a condena, mas ele escapa? A honra exige-lhe a violência. O machismo é uma ética infeliz e assassina — sua história é a que se lê em *Tragédia brasileira*, de Manuel Bandeira.[41] Misael, funcionário, conhece Maria Elvira, tira-a "da vida", instala e trata. Ela arranja namorado. Ele, para evitar escândalo, muda de bairro, muda dezessete vezes — até um dia matá-la a tiros. Misael, indubitavelmente, fez de tudo para escapar ao imperativo machista, não teve como, e o fato é que Maria Elvira acabou assassinada, pagou o preço máximo. Maria Elvira ou Madalena, todas as pecadoras, só a morte as redime.

Se ela se entrega, é desavergonhada — isso, aliás, está explícito no diálogo entre D. Senhorinha e Tia Rute, em *Álbum de família*:

D. Senhorinha:	*Sem-vergonha!*
Tia Rute:	*O quê?*
D. Senhorinha:	*Você!*
Tia Rute:	*Quem é a sem-vergonha? Eu? Você é que é! Em mim, homem nenhum tocou!*
D. Senhorinha:	*Porque nenhum quis, você nem mulher é!*

Sem o desejo masculino, a mulher não existe, mas ele a compromete, mesmo casada — D. Senhorinha é esposa de Jonas —, ela é sem-vergonha, só a castidade é sinônimo de decência,

Se a mulher deve se fazer desejar, é só para resistir a toda investida — e, "se não se encolhe nem se arrepia, um sujeito que está fora jura que há safadeza no caso" (*São Bernardo*). Se não quiser ser indecente, deve ser casta. Sendo casada, deve, para viver, estar acima de qualquer suspeita, exercitar-se monogamicamente na sem-vergonhice. O sexo degrada a mulher, entregar-se é perder-se, e isso porque na verdade só "a perdida" o faz gozar — ele só quer o que avilta, a paixão que o machismo desperta e cultiva é a do ódio. A dramaturgia de Nelson Rodrigues exemplifica isso. Em *A falecida*, Zulmira declara odiar o marido. Em *Álbum de família*, D. Senhorinha quer assassiná-lo. Em *Vestido de noiva*, Alaíde alucina tê-lo matado.

O ódio é privilegiado e a violência, requerida entre os sexos — "entra de sola que mulher gosta é disso" (*A falecida*) —, o sadismo e o masoquismo são promovidos — "quero ser feito trouxa nas tuas costas que te retalha em postas/mas no fundo gostas quando a noite vem/quero ser a cicatriz risonha e corrosiva, marcada a frio, ferro e fogo em carne viva" (Chico Buarque) ou "me deixa ser teu escracho, capacho, teu cacho, riacho de amor" (Chico Buarque).[42]

O que me trata me destrata, a violência é valorizada e a vingança, curtida — "se eu soubesse que ela me traía, matava-a, abria-lhe a veia do pescoço, devagar, para o sangue correr o dia inteiro... crime inútil... melhor abandoná-la, deixá-la sofrer... quando tivesse viajado pelos hospitais, quando vagasse pelas ruas, faminta, esfrangalhada, com os ossos furando a pele, costuras de operação e marcas de feridas no corpo, dar-lhe uma esmola pelo amor de Deus" (*São Bernardo*).

Vingança, por ela viver e morrer. Em *A falecida*, Zulmira vive e morre para vingar-se da vizinha (Glorinha), do marido (Tuninho) e do amante (Pimentel). Ao longo da peça, só faz imaginar e encomendar o mais caro dos enterros para humilhar Glorinha. Se Tuninho não pode pagar, paga Pimentel, e Zulmira se vinga de um e de outro, faz o marido saber do amante e este desembolsar o dinheiro do caixão. "Só vingança, vingança, vingança aos santos clamar", diz a música de Lupicínio Rodrigues,[43] que encontra eco em várias outras canções brasileiras.

O amor entre nós não exclui a violência. O herói de nossa gente é exemplo disso.[44] Verdade que Macunaíma rememora Ci incessantemente — "o herói padecendo saudades de Ci, a companheira para sempre inesquecível" —, verdade que ela é a única — "amor primeiro não tem companheiro" —, mas o que faz ele para conquistar a Mãe do Mato? Entra de sola, brinca na marra; não enaltece a amada, vence a inimiga, nada diz, só faz. As palavras — os nadinhas, que são tudo no amor —, ele não as profere e o tempo da espera ele não aceita. O companheirismo entre Macunaíma e Ci é um eterno brincar — "os dois brincavam que mais brincavam num deboche de amor prodigioso" —, um brincar que se renova — "despertados inteiramente pelo gozo inventavam artes novas de brincar" —, e a separação é a tristeza de já não brincar.

O amor-paixão diz que acima do amado está o amor, Macunaíma já diria que acima de tudo está o brincar. Ci é inesquecível e é única, nem por isso ele deixa de querer as outras índias icamiabas. É infiel por só ser fiel à ideia de brincar, imperativo que tudo justifica — a dispersão do herói e a chamada hora do cafezinho. Até o desacordo entre os sexos é superado pelo brincar. Se o que de início ocorre entre Macunaíma e Ci é um pega tal que "reboavam os berros dos briguentos diminuindo de medo os corpos dos passarinhos", a partir do instante em que brincam é só companheirismo, um só rindo para o outro, reina o acordo entre eles.

O amor no qual nós, brasileiros, nos reconhecemos é o amor do brincar. Tristão e Isolda é um mito estrangeiro e só carnavalizado ele dá samba. Romeu e Julieta? "Que coisa mais careta", diz a música.[45] Otelo? Presta-se a destaque — sobre a pele negra, a vestimenta se vê mais. A Dama das Camélias, pelo luxo, pode ser o tema de uma fantasia.[46]

O amor é um culto trágico de que fizemos uma imensa brincadeira. Não seria este o destino da Terra de Vera Cruz? O sítio do Paraíso para os descobridores, um horto de delícias onde se vivia na ignorância da morte e da dor. O nosso cenário esvaziava a tragédia amorosa, que Pedro Álvares, largando do Tejo, deixou por lá.

Ci queria que mais queria; o herói, para não desmentir a fama, brincava, mas parava esquecido no meio — o gozo era avesso a todo programa. Ci valia-se então do "estratagema sublime", buscava urtiga e sapecava uma "coça coçadeira no chuí do herói e no nalachitchi dela", o herói brincava que mais brincava — o gozo era o de exacerbar o gozo.

O sexo no brincar só quer se assanhar e, sendo este o seu único fim, o fim só existe para promover o começo. O sexo aí é uma aventura, e o orgasmo, um acidente de percurso. O brincar é o brincar, reenvia a si mesmo, a exaustão ele nega e procura superar. Sexo louco, porque ignora as razões do organismo e só sabe do corpo para brincar — erigir-se para não ejacular, prodigalizar o corpo, desperdiçar o tempo.

Ignoramos a paixão trágica do amor para insistir na do brincar — Carnaval, somos milhares a exibir o corpo para só atiçar o desejo, dizer sem proferir na batida de um surdo, de um pandeiro e de um tamborim: "não vem que tem... não vem que tem... não... que tem..." Milhares a desafiar a morte. Folião que se poupa? Inexiste, da caveira eu faço uma alegoria.

Isolda não é uma e não é única — como um falo ereto, ela prolifera na avenida, mulata, branca ou negra, como a Vênus de Botticelli.[47] Amo-a, porque me faz esquecer e brincar.

A raiz, eu reafirmo brincando — nisso está a minha vocação lírica verdadeira. Os mitos europeus, eu os adoro pelo avesso, conjuro a tristeza e supero, pela alegria, o tormento do machismo. Sou imediatista, sim, o amor é chama. Da morte que me ronda, eu visto a fantasia, brinco de mortalha. Atrás do trio elétrico sempre... e, mesmo morto, "não quero choro nem vela... flores nem coroa de espinho, só quero choro de flauta, violão e cavaquinho..." (Noel Rosa).[48]

Isolda, ora, Isolda... A cada um dos seus ditos, eu, tupiniquim, oporia outro. Se ela dissesse que o dia deve ceder à noite e bem-vinda é a morte, responderia que deixasse de exageros. "Uns dias chove, noutros dias bate sol" (Chico Buarque).[49] Alguma saída há de haver, algum jeitinho... e, por ora, brinca-se. O impossível? Não acredito nele, insisto na possibilidade de contorná-lo.

Tristão é a imagem especular de Isolda, como ela aspira à morte, condição do amor eterno. Isso tudo, confesso, mais me causa espanto. O amor eu transo através do brincar. Como então ver no corpo um entrave e na morte solução? Só vivo eu posso brincar. A eternidade? Nela eu não sei de mim. A morte é o fim, e se a evoco, caveiras e mortalhas, é para insistir na fugacidade, valorizar a experiência do presente e exacerbar o prazer.

Tristão e Isolda, uma promessa de amor que vence o tempo — nenhum deles é desmemoriado e cada um supõe a memória de todos os outros. Já eu cultivo o esquecimento. Para brincar, preciso poder me esquecer do que prometo — não sabendo do que prometi, sei que te quero e assim deslembrado eu te amo.

A menos que perca a cabeça, encontro jeitinho para tudo — só a vingança me leva à tragédia amorosa. Se escuto que é não, ouço *não é comigo*. Sei da máscara e, portanto, do outro. Sendo um sou vários, tenho inúmeras saídas. Isso relativiza a importância do que me acontece — eu não esquento. Sou contrário ao radicalismo como avesso à força. Posso ser cristão ou do orixá, mas privilegio o sincretismo religioso. O maior dos meus cultos, o Carnaval, entretanto, é pagão. Impossível pois levar a sério a ideia da eternidade, a que oponho a alegria, negando através desta as tristezas da miséria, fazendo pouco da realidade.

Acredito menos no céu (portanto no inferno) do que no paraíso, supondo-o ainda situado aqui — de certa forma, a fantasia dos descobridores continua a ser a minha. Assim, todos os anos, exibo uma riqueza digna da resplandecência do paraíso, das suas minas preciosas, das suas áureas serras e dos castelos de cristal, brinco e bebo na Fonte de Juventa. Se tudo isso se reduz a espelho e purpurina, que me importa? Perdi de vista a serra — Sol da Terra — que despejava no rio pedaços de ouro numa tal quantidade que os índios dele faziam as gamelas em que davam aos porcos de comer, mas tenho a Serra Pelada e os Eldorados por vir. A muiraquitã é minha, ainda que esteja momentaneamente em outras mãos, e, se alguém disser que à força de insistir nesta pedra fantasiosa o Brasil será eternamente o país do futuro, dou de ombros e vou brincar.[50]

Na impossibilidade de concretizar a fantasia, a Tristão e Isolda só resta morrer. Já eu prefiro fazer de conta e viver.

Romeu, como Tristão, coloca o amor acima da vida — "Tenho o manto da noite para deles (os pais de Julieta) me esconder. Aliás, se você me ama, que me encontrem aqui. Prefiro a vida acabada pelo ódio deles à morte adiada sem o seu amor."

Julieta, como Isolda, não vê na morte um obstáculo. Romeu exilado, a família resolve casá-la. Dois dias e será a esposa de Páris. Para escapar, ela toma uma poção cuja propriedade é cadaverizá-la até o retorno do amado — talvez seja um veneno, mas este risco Julieta se dispõe a correr. Pior seria a ineficácia do produto, caso em que ela se mataria — "A mim, frasco!... O quê? E se esta poção não agisse? Estaria eu então casada amanhã de manhã?... Não, não, eis o que impediria isso... (coloca um punhal ao lado da cama)."

O caso de Tristão e Isolda não é o meu. A paródia da famosa marcha de Carnaval que o diga:

Quem sabe, sabe
Conhece bem
Tirar dinheiro
Depois não vem

Quem sabe, sabe
Trambique tem
No vai da valsa
Eu vou também

Ah... Isolda
Deixa teu Tristão pra lá
Domingo, tem Carnaval
Vem pro Brasil t'esbaldar...
Quem sabe, sabe...

Júlio Medaglia[51]

Tampouco é meu o caso de Romeu e Julieta:

Romeu e Julieta
Que coisa mais careta,
Mais careta, mais careta.

Romeu andava a pé
nem tinha motoneta.
A saia até o pé
usava a Julieta.

Os dois se apaixonaram
A coisa ficou preta
Então se suicidaram
Oh! que coisa mais careta

Max Nunes e Laércio Alves

São personagens de uma sina trágica em que não me reconheço. Eu, se não brinco, vivo o amor como um tormento que prefiro esquecido. Deixo o riso rolar e do punhal eu faço um adereço. Se chamo de careta a história de Romeu e Julieta, é que o brincar me faz rir de um drama levado assim tão a sério, desdramatiza o fracasso e me incita de novo a brincar:

> Julieta
> Não és mais o anjo de bondade
> Como outrora sonhava o teu Romeu
>
> Julieta
> Tens a volúpia da infidelidade
> E quem te paga as dívidas sou eu
>
> Julieta
> E não ouves o meu grito de esperança
> Que afinal de tão fraco não alcança
> As alturas do teu arranha-céu
> Tu decretaste a morte aos madrigais
> E constróis um castelo de ideias
> No formato elegante de um chapéu
>
> Julieta
> Nem falar em Romeu tu hoje queres
> Borboleta sem asas, tu preferes
> Que te façam carícias de papel

Nos teus anseios loucos, delirantes
Em lugar de canções queres brilhantes
Em lugar de Romeu, um coronel
Noel Rosa e Eratóstenes Frazão[52]

Isolda, Julieta, Marguerite Gauthier — a Dama das Camélias. O que quer o seu amante, Armand Duval, senão sofrer, por ela esperar e morrer? Assim, temia que o aceitasse logo, desejando, para merecer-lhe o amor, uma longa espera ou um grande sacrifício. Disposto a morrer para tê-la, recusar-se-ia a pagar à Dama — a vida, sim; dinheiro, nunca! Marguerite, por sua vez, separando-se de Armand, entrega-se à devassidão, vive só para morrer.

A crer que são todos suicidas, amantes da melancolia — monotonia. Ali, só se valoriza o sofrimento e se faz da tristeza apologia. A catacumba é o cenário predileto dessa gente. Isolda só quer a escuridão, Julieta, a sepultura. Tristão, Romeu e Armand, três almas penadas.

Marguerite Gauthier só me faz chorar, tamanha palidez... e eu, se quero a margarida, exijo que ela seja solar — insisto e repito no meu samba que a alegria vai atravessar o mar e a tristeza nem há de chegar.[53] Chamo a Dama de Traviata e a enterro assim:

A Traviata
A Traviata
Tão passional
Não teve paz,
Amou demais,
Morreu no Carnaval.

Carlos Morais[54]

Brinco. Havendo entretanto uma questão de honra, já não me fantasio de Otelo, encarno-o. Imagino a maior vingança e faço minhas as palavras dele, prometo picar a atual Desdêmona em pedacinhos, só lamento que o meu rival não tenha quarenta mil vidas para mais o trucidar, incito a vingança a surgir do fundo do seu inferno, pedindo ao amor que dê lugar ao ódio mais tirânico. Depois, ainda como Otelo, digo aos outros que me chamem de assassino honrado — eu, como ele, tudo fiz pela honra.

A desonra me tira do sério e me impede de brincar, ela me enlouquece e eu, que não sou de briga, boto logo pra quebrar. Verdade que nisso deixei de ser ladino, agora sou elisabetano e sou latino. Deixei de brincar, perdi a inocência — eu, que ignorava a culpa, só quero morrer ou matar e culpar. Se por aí se diz que no Brasil o pessoal da briga só perde sangue quando faz a barba, é que então há dois Brasis, um que não é de nada e outro que não deixa por menos.

O Brasil são os Brasis, um deles se quer alegre, é manso e ladino, o outro é trágico e é latino. Ali o pacifismo é a norma, aqui a violência é valorizada, o violento é o normal.

O país ladino não é de briga nem de guerra. Se na Guerra da Lagosta (1963) o Brasil envia navios para expulsar os pescadores franceses, o Carnaval já resolve a questão diplomaticamente, compõe e canta a "Marcha da lagosta":[55]

> *Largue esta lagosta*
> *Deixe a minha areia*
> *Se não vai dar coisa feia*
> *Faço uma proposta pra você*
> *Faço um acordo de irmão:*
> *Traga uma francesa para mim*
> *E leve tudo*
> *Leve até o camarão*
> **Jorge Washington**

O país ladino não faz guerra; brinca, evitando a guerra ou mesmo brincando nela. Assim, a guerra-relâmpago entre árabes e israelenses[56] lhe inspira a seguinte marchinha:

> *Mamãe, eu vou*
> *ser soldado de Israel*
> *Não tem água no cantil*
> *Mas tem mulher no quartel!*

Além disso, guerra é guerra, mamãe
E vai ser sopa no mel...

Já pensou? Que regimento
Que delícia de quartel
Dona Sara é meu sargento
E Raquel meu coronel
Mamãe
Luiz Antônio

O nosso soldadinho considera que a guerra é dos e para os outros, não se molha nem faz guerra contra a guerra — ele brinca, e esta é a sua forma de resistir. A ideia de matar ou morrer não o convence, por isso, ele ridiculariza a coragem de quem o faz, como aliás nesta outra marchinha:

Eu fui às touradas de Madri
(...)
Eu conheci uma espanhola
Natural da Catalu...unha
Queria que eu tocasse castanhola
E pegasse o touro a unha
Caramba
Caracoles
sou do samba
Não me amoles...
Alberto Ribeiro e João de Barro[57]

O sambista não enfrenta a morte e, se a representa, é para espantá-la. Sabe da fugacidade, brinca a todo pano, como se fosse acabar amanhã. Para que então tentar o diabo? O touro é para o toureiro e a coragem do país ladino é outra, é a da paciência e do humor, de quem se opõe à tristeza insistindo na alegria — "eu chorarei amanhã, hoje eu não posso chorar" (Raul Sampaio e Ivo Santos). Desacredita o choro — "tentei chorar, ninguém acreditou" (Lamartine Babo) —, expulsa a tristeza — "tristeza, por favor, vá embora" (Nilton Souza e Haroldo Lobo) — e promove o riso, concitando a aplaudir "quem sorrir trazendo lágrimas no olhar" (Jair Amorim e Evaldo Gouveia).[58] A coragem ladina é a da alegria e se faz através do brincar, que me permite superar a dor, esquecer a desgraça e fazer bem pouco do *não*. Daí a teimosia:

> *Com pandeiro ou sem pandeiro*
> *E, ê, ê, ê, eu brinco*
> *Com dinheiro ou sem dinheiro*
> *E, ê,ê,ê, eu brinco*
> **Claudionor Cruz e Pedro Caetano[59]**

Tudo, menos deixar de brincar, mesmo porque para isso só dependo de mim. Se não tenho pandeiro nem dinheiro, valho-me de uma frigideira, de uma caixa de fósforos ou até de uma lata velha:

Já que não temos pandeiro
Para fazer a nossa batucada
Todo mundo vai batendo
Na lata velha e toda enferrujada
João de Barro e Almirante[60]

Improviso, tiro do contexto, desloco para brincar. A Muralha da China? Trago-a para a Marquês de Sapucaí e ainda as pirâmides do Egito, o Colosso de Rodes. No mesmo enredo, apresento em ritmo de samba uma vestal romana. Nada do que é do outro deixa de ser meu, tudo é nosso, é da alegria, e eu posso então ser todos os outros, virar índio ou tirolês, príncipe, rei, pirata ou oficial da Marinha, virar indiano, francês ou japonês, driblar as impossibilidades todas, travestindo-me, deixar de fantasiar e vestir logo a fantasia.

Assim, variando os cenários e as máscaras, devoro reinventando as outras culturas. Deslocar e devorar são as artes do brincar, que faz do país ladino um país antropofágico, despreocupado e irreverente — ele não reverencia a propriedade nem o lugar das coisas, sobretudo tira-as do lugar —, um país sacrílego. Descontextualizando as outras culturas, ele as dessacraliza. A ladinidade (cultura do brincar) é pagã, e a alegria é a sua prova dos nove. Não fosse ela, o Brasil não seria o Brasil. Daí, aliás, o dito oswaldiano: "Antes de os portugueses descobrirem o Brasil, o

Brasil tinha descoberto a felicidade."[61] Daí a versão lamartiniana da nossa História:

> *Quem foi que inventou o Brasil?*
> *Foi seu Cabral... Foi seu Cabral*
> *No dia 21 de abril*
> *Dois meses depois do Carnaval*
> **Lamartine Babo**[62]

Velho, criança, aleijão, gigante ou anão, no país ladino eu brinco — por isso, eu dele não abro mão. Adulto, eu aqui posso repetidamente ser criança.

Posfácio
Afastando o louco amor do divã

por Gérard Lebrun[63]

Encore des mots
Toujours des mots
Rien que des mots
Des mots d'amour...[64]

Ainda vejo Piaf, os braços rentes ao corpo, cantando o quanto "as palavras de amor" são vãs. E, no final da canção, os braços que subitamente se levantavam. A inimitável voz deixava de ser sardônica. Agarrada na cilada das palavras, vestida de preto, a mulherzinha urrava do fundo do coração:

C'est fou ce que je peux t'aimer
mon amour, mon amour
C'est fou ce que je peux t'aimer d'amour.

Ninguém, na sala, tinha vontade de rir. Bastaram aqueles dois braços se erguerem no palco para, em poucos instantes, nos fazer passar do grotesco ao sublime. "Eu te amo", "Sem você eu não existiria", "Sou louco por você".

Betty Milan, com tanta coragem quanto fineza, pretende nos mostrar que este falar monótono dos apaixonados não é tão grotesco como nosso "bom gosto" nos leva a crer. Destas "palavras de amor", é fácil demais zombar. Mas nós mesmos não as murmuramos ou escrevemos algum dia? Por que, então, desdenhar este código da gente simples? Por que sorrir, pensando no que sussurram, à noite, nas esquinas desertas dos bairros burgueses, jovens e belos sedutores morenos nos ouvidos das empregadas que eles abraçam?

> *Encore des mots*
> *Toujours des mots*
> *Des mots d'amour...*

"Você me ama?"... Não se engane, nos diz Betty Milan, o que te interessa é menos a resposta do que o calafrio que te atravessa ao fazer a pergunta.

"Você me ama?"... Indago repetidamente, menos para estar certo de você do que para temer o "não", saber assim que te amo. Interessa-me antes a emoção provocada pela pergunta...

De modo que os clichês da linguagem amorosa não são tão ingênuos quanto parecem. Betty Milan tem a inspiração de evocar a Roxane de Edmond Rostand, ouvindo do seu balcão as belas palavras de amor que Cirano sopra ao jovem Cristiano. Este é belo como um deus, mas lhe falta espírito. Cabe ao feiíssimo Cirano, deslumbrante na conversa, encontrar as palavras que seduzirão Roxane. O estratagema acaso é tão desonesto assim? O importante é que o amor seja dito: porque ele é uma invenção cultural.

Apesar do que levariam a pensar certas páginas do livro, não é o discurso de Diotima que a autora retoma, mas a análise de Marivaux[65] e a observação paciente dos moralistas. O seu *elogio do amor* não esconde as contradições nas quais os amantes caem, os acessos de loucura a que cedem ou a tortura, quase sempre fútil, que eles infligem a si mesmos por causa do ciúme. Amar é, antes de mais nada, viver a impossibilidade da união total e, mesmo depois de reconhecer tal fracasso, continuar amando o Amor.

Não há amor sem paixão. E Betty Milan se interessa pela paixão. Daí a atenção que dá às amantes abandonadas, aos casais separados e aos encontros impossíveis. O universo no qual ela nos introduz é o da religiosa portuguesa, o de "Adèle H"[66] e de todas as suas irmãs de miséria, como a jovem rendeira do Nordeste, que, "abandonada pelo noivo, passou o resto da vida soletrando no bilro *nunca, nunca te esquecerei*". No decorrer destas páginas, vemos passar o cortejo dos estropiados e das malditas do amor louco: Julie de Lespinasse continua suplicando amor a um Guibert indiferente. A essas sombras ilustres, acrescentam-se alguns desconhecidos, como um jovem sargento apaixonado por uma dona de bordel numa cidade de guarnição do Nordeste.

Excêntricos de uma outra era? Certamente. Mas é refletindo sobre tais casos-limites que melhor compreenderemos o sentido e a força do amor como cerimonial do imaginário. "Dependo da reciprocidade para ser feliz ou infeliz, não para sentir. Importa menos ser amado do que amar, e, na impossibilidade do gozo narcísico do espelhamento, quero o gozo da falta — masoquista, sim, porém ilimitado, eterno." Incrível que o amor possa se nutrir de si mesmo e fazer do belo indiferente ou do ingrato que o suscitou emblema de um culto que o apaixonado termina consagrando... ao Amor. Não é esta a história da religiosa portuguesa? "Acima de Deus o amado, mas acima deste o Amor".

Betty Milan não defende a causa da paixão. Mas se esforça, parece-me, para nos fazer considerá-la sob um ângulo diferente do patológico. Esforça-se para nos fazer regredir à ingenuidade da era clássica e nos convencer de que a história de sóror Mariana é mais do que um belo caso clínico. Em suma, nos convida a recuperar o conceito de "paixão", aquém da psicopatologia do século XIX, que o explodiu.

A autora talvez não indique suficientemente as coordenadas culturais e as etapas de formação do sentimento amoroso no Ocidente ("cortes de amor" da Idade Média, preciosismo etc.), que é o seu tema. E a falta de um horizonte histórico — tão perdoável, é certo, em espaço tão curto — poderia levar o leitor a pensar que o ensaio propõe uma interpretação de um sentimento natural. Esta lacuna, porém, não é grave. O essencial é que a normalidade — tão inatual — à qual a autora se refere nos faça medir o quão precárias são nossas categorias da afetividade, tal como foram elaboradas pelo cientificismo do século XIX.

Betty Milan nos fala de um sentimento que já não tem estatuto oficial, agora que a sexualidade se tornou, solenemente, objeto de "ciência". "Acaso... faço do amado a condição absoluta do desejo e vivo abertamente na sua idolatria? A ausência, quem hoje a cultiva? Quem hoje escreveria como Stendhal a Matilde, que a deixava para estar mais com ela?" Mas o amor merece ser assim relegado à loja do antiquário? Não. Tal depreciação do amor não é nada óbvia, e não devemos opor o discurso da paixão ao sexo, à sexologia, como o fútil ao sério, o arcaísmo à positividade. Marivaux e Stendhal não são menos "científicos" (ou menos "racionais") que as exposições relativas às técnicas do orgasmo. Indo mais longe, perguntemo-nos se a volta do Amor — esta vítima de nossa "cultura" — não é um signo reconfortante. Se uma mentalidade nova não se delineia e o "amor louco" não será mais considerado objeto de zombaria. "Banido, deportado, sub-repticiamente o amor volta à cena e traz consigo o sujeito — este retorno não seria hoje subversivo?"

Protesto, portanto, contra toda "racionalização" pedante da vida afetiva, contra toda substituição do erótico pelo "sexo programado". Revolta contra "o saber dos sexólogos" e seus pretensiosos oráculos. Esta é a primeira linha de tiro de Betty Milan. Mas este alvo ela só visa de passagem, porque tem contas mais urgentes a ajustar com outro adversário. E esta segunda polêmica sem dúvida lhe causará maior número de aborrecimentos — igualmente implacáveis, porém mais sorrateiros, pois é certo que ninguém vai ficar contra a autora por ela combater o machismo. Os opositores vão usar máscaras mais honrosas para zombar dela. Razão a mais para apoiá-la com toda a clareza.

Quem negará que a nossa formação "latina" convida o homem a visar depreciativamente a mulher? Que o "eterno feminino" é, na verdade, o triste apanágio de um animal que só tem direito de sentir prazer na passividade e na submissão? Que a mulher que tenta escapar a esse destino é logo relegada à "sem-vergonhice"? Por que negar a evidência, isto é, que o único erotismo confessável é o monopolizado pelo macho? Nesta estranha cidade sexual que ainda é a nossa (sob todas as latitudes), a divisão em *homens livres* e *escravos* nunca deixou de ser óbvia — mesmo na Europa, a "pílula" ainda não convenceu o senso comum de que é tão normal uma moça arranjar um amante quanto um rapaz ter uma namorada.

Daí o interesse estratégico que reside (na luta contra o obscurantismo) em reabilitar o *amor*, de modo que este não seja mais tema de piada, e em representar a "galanteria" e o discurso amoroso como coisa distinta de manobras donjuanescas. À luz do livro de Betty Milan, compreende-se por que ela se empenha em dar valor positivo a atitudes e sentimentos que só à primeira vista parecem "românticos" e "antiquados". É que tais atitudes, tais sentimentos faltaram cruelmente à civilização dos "senhores de engenho", como a descreveu Gilberto Freyre em páginas já clássicas.

Levando o seu leitor a refletir sobre esses dados, Betty Milan não se dedica absolutamente a uma provocação "contranacionalista". Pretende antes dizer que nunca é tarde demais para tentar dar a uma nação o século XVIII que lhe faltou — nunca é tarde demais para tentar substituir pela igualdade dos sexos a "guerra fria" que os opõe.

Notas

1. Ovídio (43 a.C.-17 d.C), *A arte de amar* (trad. de Natália Correia e David Mourão-Ferreira, com ilustrações de Luís Alves da Costa e apêndice com a tradução erudita de Antônio Feliciano Castilho), São Paulo: Ars Poetica, 1992. Stendhal (1783-1842), *Do amor* (trad. Roberto Leal Ferreira), São Paulo: Martins Fontes, 1999. Roland Barthes, (1915-1980), *Fragmentos de um discurso amoroso* (trad. Hortência dos Santos), Rio de Janeiro: Francisco Alves, 1981. [nova edição: São Paulo, Martins Fontes, 2003].

2. Um clássico da literatura erótica, o livro *As canções de Bilitis*, de Pierre Louys (1870-1925), teve sua primeira edição em português em 1943, com tradução assinada pelo poeta do grupo modernista Guilherme de Almeida (1890-1969). Há edição posterior, da editora Max Limonad. Nenhuma está disponível nas livrarias, mas ambas são encontráveis em sebos.

3. Em *Metamorfoses*, Ovídio narra a história da ninfa dos bosques, Eco, que amava Narciso. Em vão, pois este, considerando-se tão belo quanto os deuses Apolo e Dionísio, a rejeita. Ela definha e ele é então castigado pela deusa Nêmesis, que o condena a se apaixonar pelo pró-

prio reflexo na lagoa de Eco. Ali, também ele definha, olhando-se na água e transformando-se em flor. Esse desfecho fora previsto pelo adivinho cego Tirésias, por ocasião do nascimento de Narciso. "Será feliz, viverá longamente?", perguntam a ele, que responde: "Se não se conhecer". Há várias edições da obra em português.

4. Alidor é o protagonista de *La Place Royale ou l'amoureux extravagant* ("Praça Real ou o apaixonado extravagante"), peça de 1634 de Pierre Corneille (1606-1684), considerado o maior dos dramaturgos franceses do século XVIII. Com Alidor, dizem os estudiosos, aparece pela primeira vez o típico herói corneliano — o sujeito que se analisa e se põe à prova, que se deixa enredar nas armadilhas de suas próprias contradições e hesitações. Na peça, Alidor ama Angélique, mas a considera tão bela que teme ser dominado pela mulher. As hesitações dele a empurram para o casamento com outro e, ao fim da trama, ao recolhimento em um convento. Para satisfação de Alidor, que se regozija por não cedê-la a nenhum rival.

5. "Bom pastor", observação de Jacques Lacan (1901-1988), o psicanalista mais polêmico do século XX, cuja vasta obra vem sendo traduzida e publicada no Brasil pela editora Jorge Zahar, do Rio de Janeiro.

6. Santa Teresa de Jesus ou Santa Teresa de Ávila (1515-1582), religiosa espanhola, fundadora da ordem das carmelitas descalças e escritora mística. Foi canonizada em 1662 e recebeu o título de "Doutora da Igreja" em 1970.

7. Referência ao primeiro quarteto do soneto de Drummond "Destruição", cuja íntegra é: "Os amantes se

amam cruelmente/ e com se amarem tanto não se veem./ Um se beija no outro, refletido./ Dois amantes que são? Dois inimigos.// Amantes são meninos estragados/ pelo mimo de amar: e não percebem/ quanto se pulverizam no enlaçar-se,/ e como o que era mundo volve a nada.// Nada. Ninguém. Amor, puro fantasma/ que os passeia de leve, assim a cobra/ se imprime na lembrança de seu trilho.// E eles quedam mordidos para sempre./ deixaram de existir, mas o existido/ continua a doer eternamente". O poema integra *Lição de coisas*, Rio de Janeiro: José Olympio, 1965.

8. Penélope e Ulisses são personagens de Homero na *Odisseia*. O casal se separa quando Ulisses parte para lutar na Guerra de Troia. Enquanto o herói vive suas aventuras, a esposa é instada pelo pai a casar-se novamente. É quando a apaixonada Penélope passa a criar estratagemas para evitar outra união. Primeiro, promete que se casará ao terminar de fazer uma colcha — que tece de dia e desmancha de noite. Depois, desmascarada, diz que aceitará o homem que atirar uma flecha como Ulisses fazia, o que elimina todos os candidatos. Menos um mendigo, que vence o desafio e é reconhecido por Penélope: era Ulisses que tinha voltado para ela e seu filho, Telêmaco, após anos de separação.

9. A história de Eros e Psique está presente em *O asno de ouro*, obra do escritor e erudito romano Apuleio (125--164), grande conhecedor dos autores gregos e latinos. Inicia-se com a inveja da deusa Afrodite, despeitada porque a beleza da jovem Psique atrai admiradores

e esvazia seu templo. E termina bem, graças a Zeus, que se condói dos muitos sofrimentos impostos aos amantes — sobretudo os encargos dados a Psique pela deusa Afrodite, entre eles o de cruzar o rio da morte, reino de Perséfone. Transformada em deusa pelo máximo senhor do Olimpo, que comunica aos deuses sua aprovação da união dos dois, Psique pode enfim viver eternamente com Eros, enquanto Afrodite volta a receber as homenagens que lhe eram devidas. Da união de Eros e Psique nasce Volúpia, deusa do prazer e da bem-aventurança.

10. Popularizado pelo orientalista francês Antoine Galland (1646-1715) no início do século XVIII, o livro *As mil e uma noites* consiste na reunião de contos de diversas tradições — egípcia, hindu, persa, judaica etc. O livro é estruturado em torno da história do sultão Xariar, que, traído pela mulher, vinga-se, tomando uma esposa por noite e mandando matá-la no dia seguinte. A filha do vizir, Xerazade, oferece-se ao sultão como esposa. Decidida a interromper a sequência macabra de mortes, ela combina com sua irmã, Dinarzade, que lhe peça para contar uma história como despedida. Ela encanta o sultão, que, ao amanhecer, suspende a execução para saber o fim da história — e assim prosseguem as mil e uma histórias. Os árabes teriam organizado a antologia entre os séculos XIII e XVI, segundo alguns estudiosos. Outros dizem que a obra foi escrita em Bagdá por volta do século VII. Há várias versões, com histórias diferentes. No Brasil, o primeiro volume da primeira

tradução diretamente do árabe, assinada por Mamede Mustafa Jarouche, foi lançada pela Editora Globo em 2005, mas o livro circula há muitos anos em português, publicado por diferentes selos, e também em versões para o público infantojuvenil.

11. Charles Baudelaire (1821-1867), poeta, crítico de arte, tradutor de Edgar Allan Poe, foi um inovador que exerceu enorme influência na literatura da virada para o século XX. De família rica e desinteressado dos estudos, ele teve meios para esbanjar com amantes, bebidas e drogas em prostíbulos e ambientes boêmios de Paris. De todas as mulheres que frequentou, três foram importantes em sua vida e tiveram lugar em sua obra: a atriz e prostituta mulata Jeanne Duval, que a mãe do poeta chamava depreciativamente de "Vênus Negra"; a atriz Marie Daubrun, com quem ele se relacionou desde 1855 até a morte dela em 1860; e Apollonie Sabatier, cujo salão literário era muito concorrido. Lançou a primeira versão de *Les fleurs du mal* em 1857 com grande escândalo — seis poemas foram censurados e tanto ele como seu editor pagaram multa por ultraje à moral e aos bons costumes. No Brasil, há várias traduções das obras do poeta. Uma edição bilíngue de *As flores do mal*, com tradução de Ivan Junqueira (1934-2014) e contendo os seis poemas censurados, foi lançada pela Nova Fronteira no final dos anos 1980 e permanece em circulação. Uma reunião de seus trabalhos em um volume, *Poesia e prosa de Charles Baudelaire*, saiu pela Nova Aguilar em 1995.

12. Ninon de Lenclos (1620?-1705), libertina de origem nobre. Versada em idiomas e filosofia, escritora e musicista, Anne de Lenclos estabeleceu salão literário em 1667, no qual recebia artistas e poderosos das cortes de Luís XIII e Luís XIV. Conta-se que as famílias importantes lhe dirigiam os filhos para a iniciação sexual e que permaneceu sedutoramente ativa até idade avançada.

13. Em *Lolita*, o polêmico romance do russo-americano Vladimir Nabokov (1870-1922), a protagonista, Dolores Haze, é uma garota de 12 anos, que desperta a paixão de um homem de meia-idade, Humbert Humbert.

14. Paul Éluard (1895-1952) foi importante poeta francês do século XX. Inovador, ligou-se primeiro ao dadaísmo e depois ao surrealismo, trabalhando ao longo de toda a vida na experimentação de forma e conteúdo da poesia, além de se envolver intensamente nos embates políticos do período. Obras suas disponíveis em português: *Poemas de amor e de liberdade*, Lisboa: Campo das Letras, 2000; *Últimos poemas de amor*, São Paulo: Relógio d'Água, 2002.

15. "Amor é fogo que arde sem se ver" é o primeiro verso do Soneto 4 das *Rimas*, a coleção da lírica de Luís de Camões (1525-1580), publicada em Lisboa em 1595. Apontado como o maior poeta da língua portuguesa, Camões foi soldado, tendo servido na África (Ceuta) e na Ásia (Goa) — vivências que utilizou para escrever seu poema épico *Os lusíadas* (1572). Também escreveu para o teatro.

16. O livro *Cartas portuguesas*, ao ser publicado na França em 1669, foi atribuído à freira portuguesa Mariana Alcoforado (1640-1723). Pesquisas recentes indicam que

a obra foi escrita pelo jornalista e diplomata francês Gabriel Joseph de Lavergne, Conde de Guilleragues (1628-1685), que assinava a edição francesa como tradutor. A edição brasileira de *Cartas portuguesas*, da L&PM Editores, mantém sóror Mariana Alcoforado como autora e apresenta a obra como "um dos exemplos mais ardentes de amor desesperado da literatura internacional".

17. Pedro Abelardo (1079-1142), filósofo, e Heloísa de Argenteuil (1099-1162), estudiosa de grego e latim e jovem erudita, viveram uma das mais famosas e sofridas histórias de amor do Ocidente. Apaixonados, os dois — professor e aluna — chegaram a se casar secretamente, mas acabaram afastados, terminando a vida como religiosos. Daí as cartas trocadas por ambos, que inspiraram os primeiros romances da história da literatura. Estão enterrados no Cemitério Père Lachaise, em Paris. Ver *Abelardo e Heloísa. Correspondência*, São Paulo: Martins Fontes, 2002.

18. Após uma infância problemática em Lyon, Julie de Lespinasse (1732-1776) é levada a Paris por uma tia, que mantém um movimentado salão literário na capital. A jovem logo se torna confidente dos Enciclopedistas e desperta o ciúme da tia. Ao se mudar, Julie leva para morar com ela o físico e geômetra D'Alembert, do qual nunca se afastará, apesar de seu relacionamento permanecer platônico. Sua grande paixão foi Don José y Gonzaga, Marquês de Mora, filho do embaixador da Espanha em Paris, que tudo fez para afastá-los. Em

1774, enquanto o marquês morre em Bordeaux, ela se entrega ao coronel Jacques Antoine Hippolyte Guibert. Quando sabe da trágica coincidência, cai em depressão e se culpabiliza, passando a escrever sobre seus sentimentos em cartas que dirige a Guibert. Publicada, a correspondência inspirou a geração pré-romântica da literatura francesa.

19. Stendhal (Henri-Marie Beyle, 1783-1842) se apaixonou por Matilde, Condessa Dembowska, quando morava em Milão. Ao não ser correspondido, dedicou-se a fazer uma análise da paixão romântica em *Do amor* (1822). Essa tensão entre sentimento e razão seria típica de seus grandes livros, *O vermelho e o negro* — que, aliás, tem uma Matilde como personagem — e *A cartuxa de Parma*, que o levaram a ser considerado um mestre do romance analítico e precursor do realismo.

20. Diotima de Mantineia é uma sacerdotisa que, em *O banquete*, de Platão (428-347 a.C.), revela Eros como intermediário entre o divino e o mortal, mostrando que o amor se dirige ao desejo de imortalidade — tornada possível pela reprodução humana. Este diálogo é considerado um dos mais bem-sucedidos do filósofo. Há várias edições dele no Brasil. Como nos outros livros de Platão, o personagem central do diálogo é seu mestre, o filósofo ateniense Sócrates (470 a.C.-399 a.C.). Homem probo e crítico rigoroso, Sócrates desagradou os poderosos de seu tempo, que o acusaram de corromper a mocidade com seu ensino e de negar os deuses. Levado a julgamento, não pede para ser perdoado e faz

sua própria defesa. Condenado, não foge e toma sicuta, dando com sua morte um exemplo de cidadania e obediência às leis de Atenas. O relato da autodefesa do filósofo é feito por Platão no livro *Apologia de Sócrates*, acessível em português em várias edições, inclusive em versão eletrônica.

21. Don Juan é mito originário da Espanha, com versões identificadas desde o início do século XVII. O libertino que zomba da morte e seduz as mulheres figura em obras dos franceses Molière, Dumas e Mérimée, do russo Pushkin, dos ingleses Bernard Shaw e Lord Byron, do italiano Carlo Goldoni, do espanhol Zorrilla e outros. Uma das versões mais famosas é a da ópera de Mozart, *Don Giovanni, o il dissoluto punito* ("Dom Giovanni ou o depravado punido"), com libreto de Lorenzo da Ponte, que estreou em Praga em 1787.

22. *Cyrano de Bergerac*, a peça do poeta e dramaturgo francês Edmond Rostand (1868-1918), foi um triunfo imediato na estreia em Paris em 1897. Na trama, Roxane é seduzida pelas palavras de amor que ouve no alto de seu balcão. Quem as diz é o jovem e inexperiente Christian, mas elas brotam do coração apaixonado de Cyrano, feio e narigudo, escondido atrás de uma touceira. Há várias edições da peça nas livrarias.

23. La Rochefoucauld (1613-1680). Duque François VI de la Rochefoucauld, príncipe de Marcillac, soldado e moralista francês contemporâneo de grandes autores, como La Fontaine, Molière, Pascal e Madame de La Fayette, é conhecido sobretudo por suas *Máximas*, lançadas em

1663 e enriquecidas em cada uma das quatro edições publicadas durante sua vida. No Brasil: *Máximas e reflexões*. Rio de Janeiro: Imago, 1994.

24. "Sem você, meu amor, eu não sou ninguém" é o verso final de "Samba em prelúdio", canção com música de Baden Powell e letra de Vinicius de Moraes (1913-1980). Diplomata, poeta e compositor carioca, Vinicius foi qualificado como "poeta da paixão", distribuindo em seus livros e em suas músicas algumas das mais belas expressões do sentimento amoroso. Na MPB, é considerado um dos precursores da bossa nova e deixou mais de 300 letras de canções, feitas com parceiros como Tom Jobim, Carlos Lyra, Pixinguinha, Baden Powell, Edu Lobo, Francis Hime, Dorival Caymmi e Toquinho. Assinou a música de "Bom dia, tristeza", com letra de Adoniran Barbosa.

25. Da canção "Muito", de Caetano Veloso, cuja primeira estrofe diz: "Eu sempre quis muito/ Mesmo que parecesse ser modesta/ Juro que eu não presto/ Eu sou muito louca, muito // Mas na tua presença/ O meu desejo/ Parece pequeno mas/ Muito é muito pouco muito/ Broto/ Você é muito, ah!/ Broto/ Você é muito, muito (...)". O trecho citado da canção "Meu bem, meu mal" diz: "Meu mar e minha mãe/ Meu medo e meu champanhe/ Visão do espaço sideral/ Onde o que eu sou se afoga/ Meu fumo e minha ioga/ Você é minha droga/ Paixão e carnaval // Meu zen, meu bem, meu mal". Sobre o talento multifacetado do compositor, cantor, instrumentista, produtor, apresentador de TV

(com Chico Buarque, Globo, 1986), ator, cineasta, poeta e polemista, consultar *Caetano Veloso*, de Guilherme Wisnik, lançado pela editora Publifolha em 2005. O próprio Caetano deu sua versão sobre o período da Tropicália no livro *Verdade tropical*, São Paulo: Companhia das Letras, 1997 e 2017 (ed. comemorativa).

26. Marcel Proust, *Du côté de chez Swann*, terceira parte. No original: *"les pays que nous désirons tiennent à chaque moment beaucoup plus de place dans notre vie véritable que le pays où nous nous trouvons effectivement."* Esse primeiro volume de *Em busca do tempo perdido* tem edição brasileira sob o título de *No caminho de Swann*, São Paulo: Globo, 1995.

27. O *Livro do desassossego*, de Fernando Pessoa (1888-1935), consiste em uma reunião de fragmentos assinados por dois semi-heterônimos: Vicente Guedes (textos dos anos 1910) e Bernardo Soares, que se apresenta como guarda-livros e compilador da obra (textos dos anos 1920 e 1930). A primeira edição do livro, em Portugal, foi organizada pelos especialistas Teresa Sobral Cunha, Jacinto do Prado Coelho e Maria Aliete Galhoz. Lisboa: Ática, 1982. No Brasil, foi publicado pela Companhia das Letras em 1999 e posteriormente lançado em bancas no formato de livro de bolso.

28. "Serás quem eu quiser". De acordo com o Apêndice 10 do *Livro do desassossego*, de Fernando Pessoa, conforme organizado por Richard Zenith, Lisboa: Assírio & Alvim, 1997, a passagem diz: "Serás quem eu quiser. Farei de ti um ornamento da minha emoção, posta

onde quero, e como quero, dentro de mim. Contigo não tens nada. Não és ninguém, porque não és consciente apenas vives (...)".

29. Um dos romances da maturidade de José Maria Machado de Assis (1839-1908), publicado em 1900. Narrado na forma autobiográfica por Bentinho já avançado em anos, conta seu tempo de estudos no seminário, no qual se torna amigo do colega Escobar, e o casamento dos dois com as amigas Capitu e Sancha. Ao morrer Escobar, Bentinho estranha a reação de Capitu no velório e imagina que os dois teriam sido amantes. Separa-se da mulher e, quando vê o filho, acha-o mais e mais parecido com Escobar. Solitário e reservado, ganha o apelido que batiza o livro: *Dom Casmurro*. Como é seu ponto de vista que domina o romance, persiste a dúvida se de fato Capitu teria cometido adultério.

30. Trecho de "Na floresta da alumbramento", um dos fragmentos do *Livro do desassossego*, de Fernando Pessoa. Ver também Nota 27.

31. Denise Milan, artista plástica paulista que se dedica à arte pública, tem esculturas e instalações em Osaka, Chicago, Londres e Paris, além de São Paulo. Obras suas aparecem no livro de poemas de Haroldo de Campos *Cadumbra*, São Paulo: Difusão Cultural, 1997. Vem chamando a atenção da mídia nacional e internacional com seu Movimento Veio Azul, proposta de cortejos performáticos a locais especiais onde há obras suas, caso do Pelourinho (Salvador, Bahia) e do Kennedy Art Center (Washington DC, EUA). Em 2007, apresentou

em São Paulo *Ópera das pedras*, exposição e encenação com música de Marco Antônio Guimarães, que conta, por meio da natureza das pedras, os processos de criação da Terra, com desdobramentos artísticos, científicos, metafísicos e poéticos. O trabalho foi registrado em DVD, compondo um espetáculo de videoarte denominado *Ópera das pedras, primeiras vozes.*

32. História de amor e morte baseada na mitologia celta, *Tristão e Isolda* envolve um jovem casal que se encontra casualmente e se apaixona, enfrentando muitos obstáculos para permanecer junto. De acordo com estudiosos da literatura medieval, o texto aproximou-se do ciclo arturiano a partir do século XIII e estaria na origem da inspiração de *Romeu e Julieta*, de William Shakespeare (1564-1616), que escreveu a maioria de suas obras entre 1585 e 1610. Em meados do século XIX, o compositor alemão Richard Wagner (1813-1883) usou o texto como base para o libreto de uma ópera em três atos.

33. O suíço Denis de Rougemont (1906-1985) foi escritor, editor de livros e revistas filosófico-literárias e jornalista extremamente constante na imprensa francesa e suíça, além de ativista contra a expansão do poder nuclear, a favor da união europeia e ecologista de primeira hora nos anos 1970. *L'amour et l'Occident*, publicado originalmente em 1939 e com edição definitiva datada de 1972, é um de seus livros mais importantes e bem-sucedidos. No Brasil, foi traduzido como *História do amor no Ocidente*, Rio de Janeiro: Ediouro, 2003.

34. Richard Wagner (1813-1883) compôs *Tristão e Isolda* em seis meses, enquanto fugia de credores. Por isso, pretendia um trabalho com poucos personagens, simples de encenar, para dar rápido retorno comercial. No entanto, terminada em 1859, a ópera só seria montada em 1865 — decerto pelo caráter revolucionário da sua música, cujo cromatismo desaguaria na atonalidade do século XX. Artista completo, Wagner escreveu todos os libretos de suas óperas e também inovou na arquitetura e nos bastidores do teatro, que ele mesmo desenhou, de modo a possibilitar os efeitos especiais que imaginava para as cenas.

35. Oswald de Andrade (1890-1954) formulou a ideia de que a religião nacional é o Carnaval no "Manifesto da Poesia Pau-Brasil" (1924), publicado em *Obras Completas. Do Pau Brasil à Antropofagia e às Utopias*. Rio de Janeiro: MEC/ Civilização Brasileira, 1972. Poeta, romancista e dramaturgo, ele foi uma das principais figuras do modernismo literário no Brasil. Sua proposta consistia em deglutir (reprocessar) as contribuições artísticas e culturais estrangeiras para criar uma arte genuína e originalmente brasileira.

36. Pero Vaz de Caminha (1450-1500), letrado português nomeado escrivão da futura feitoria de Calecute, na Índia, e, como tal, embarcado na nau capitânia da armada de Pedro Álvares Cabral na viagem do Descobrimento do Brasil em 1500. Sua carta ao rei Dom Manuel, datada de 1º de maio de 1500 e tornada pública apenas em 1817, é considerada a certidão de nascimento

da nova terra. A citada passagem sobre as "vergonhas" das índias nuas é uma das mais conhecidas da carta e foi parodiada pelo modernista Oswald de Andrade no poema "Pero Vaz Caminha" do volume *História do Brasil*: "Eram três ou quatro moças bem moças e bem gentis/ Com cabelos mui pretos pelas espáduas/ E suas vergonhas tão altas e tão saradinhas/ Que de nós as muito olharmos/ Não tínhamos nenhuma vergonha". Ver Oswald de Andrade, volume 7 das *Obras completas: Poesia reunida*, Rio de Janeiro: Instituto Nacional do Livro/ Civilização Brasileira, 1972. Depois de aportar no Brasil, a armada seguiu viagem e chegou a Calecute, na costa ocidental da Índia, onde sofreu ataque dos habitantes muçulmanos do local. Segundo estudiosos do período, Caminha teria morrido nos combates, em 15 de dezembro de 1500.

37. "Lá pras banda onde eu nasci/ já se falava do amô" são versos do longo poema "O marruero" — isto é, marruei-ro, pastor do gado, vaqueiro. Seu autor, o poeta e músico maranhense Catulo da Paixão Cearense (1863-1946), foi uma das maiores celebridades musicais do país. Introduziu a modinha popular nos salões da nobreza e deu *status* cultural ao violão, instrumento que deixou de ser considerado "indecente" a partir de seus recitais no palácio do governo e no Conservatório Nacional, no Rio de Janeiro, graças a convites da primeira-dama e desenhista de humor Nair de Tefé, mulher do presidente (1910-1914) Hermes da Fonseca. O poema se encontra em *Meu sertão*, Rio de Janeiro: Bedeschi, 1954.

38. De Caetano Veloso, "Esse cara". De Chico Buarque, "Sem açúcar". Mais sobre Caetano, ver Nota 26. Sobre Chico Buarque, poeta, compositor, romancista e dramaturgo, consultar *Chico Buarque*, de Fernando de Barros Silva, lançado em 2004 pela editora Publifolha.

39. *Álbum de família* (1946) foi a terceira peça de Nelson Rodrigues (1912-1980) e aquela que firmou sua reputação — segundo ele próprio — de "abominável autor", qualificação recebida por escancarar no palco as hipocrisias comportamentais e sobretudo sexuais da classe média. Seguiu-se *Vestido de noiva* (1943), escrita especialmente para chocar, como resposta à indiferença com que havia sido acolhida sua estreia em 1941. Em 1953, aparecia sua primeira "tragédia carioca", *A falecida*, trazendo para o palco os dramas e personagens do subúrbio e criando problemas constantes com a Censura. Jornalista que cobria Polícia, Esportes e Cultura, prolífico na criação de histórias para a coluna "A vida como ela é", Nelson Rodrigues é considerado o mais importante dramaturgo brasileiro. Foi biografado por Ruy Castro em *O anjo pornográfico*. São Paulo: Companhia das Letras, 1992.

40. Em *São Bernardo* (1936), lemos que é justo matar uma mulher supostamente infiel. Daí porque, nesse quadro, "a honra masculina exige a violência e tende a fazer do homem um assassino", como afirma a autora em *Fale com ela*, Rio de Janeiro: Record, 2007. Graciliano Ramos (1892-1953), que foi jornalista, político e funcionário público — e preso político por ser comunista

convicto durante a ditadura de Getúlio Vargas —, é considerado o sucessor de Machado de Assis, por sua perfeição formal e sutil observação psicológica. A novela *Vidas secas* (1938) é considerada sua obra-prima.

41. "Tragédia brasileira", do livro *Estrela da manhã* (1936), do poeta pernambucano Manuel Bandeira (1886-1968).

42. Os dois trechos citados referem-se a canções de Chico Buarque: a primeira é "Tatuagem"; a segunda, "Não existe pecado ao sul do Equador".

43. "Vingança" é canção do gaúcho Lupicínio Rodrigues (1914-1974), o mestre da dor de cotovelo da MPB.

44. "O herói da nossa gente" é Macunaíma, personagem do romance homônimo lançado pelo escritor paulistano Mario de Andrade (1893-1945), teórico e animador da vanguarda artística da Semana de Arte Moderna de 1922. Publicado em 1928 com o título de *Macunaíma, o herói sem nenhum caráter* e classificado pelo autor no gênero "rapsódia", o livro coloca em contexto os estudos etnográficos, antropológicos e linguísticos do autor.

45. "Romeu e Julieta,/ que coisa mais careta", ver a letra completa no capítulo "A paixão do brincar", neste livro. A marchinha, de Max Nunes e Laércio Alves, é datada de 1975.

46. *Otelo, o mouro de Veneza*, peça publicada em 1622, mas criada em 1604. Nela, William Shakespeare (1564--1616) monta a tragédia em torno de inveja, ciúme, ânsia de poder, preconceito e outros desvios de caráter, que põem a perder Desdêmona e o próprio Otelo, envenenado pelas intrigas do vilão Iago; *A dama das*

camélias, romance inspirado na vida real de Alexandre Dumas Filho (1824-1895), conta a história de uma cortesã, Marguerite Gauthier, que se apaixona por um jovem de família aristocrática, Armand Duval, e é correspondida. Humilhada e condenada pelo pai de seu amado por prejudicar o futuro do jovem, ela se sacrifica — faz Armand acreditar que já não o ama, volta para o antigo amante e se deixa morrer de tuberculose. Adaptado para o teatro pelo próprio autor, o texto fez enorme sucesso com Sarah Bernhardt como Marguerite e, no cinema, com Greta Garbo no papel principal. O texto inspirou ainda a ópera *La Traviata*, de Giuseppe Verdi (1813-1901).

47. Referência a "O nascimento de Vênus", pintura em têmpera sobre tela de Sandro Botticelli (1445-1510), colega de Leonardo Da Vinci (1452-1319) quando ambos foram aprendizes no ateliê do mestre florentino Andrea Verrochio (1435-1488). Trata-se de uma das imagens artísticas mais populares da cultura ocidental — a ponto de inspirar cenas de cinema, como a de Ursula Andress em *007 contra o Dr. No* entre outras. A pintura de Botticelli ilustra a mitologia, segundo a qual Vênus nasce adulta, emergindo nua dentro de uma concha das águas do mar. Os ventos do oeste a sopram para a margem, onde a Primavera espera para cobri-la com um manto florido. A obra está na Galeria dos Uffizzi em Florença, e os estudiosos dizem ser surpreendente que tenha escapado às fogueiras do governo inquisitorial do dominicano Savonarola, entre 1494 e 1497, tanto pela

fonte pagã quanto pelo nu. Várias obras de Botticelli foram queimadas nesse período.

48. "Atrás do trio elétrico" é o primeiro verso da canção homônima de Caetano Veloso, lançada no disco que reúne as peças carnavalescas do compositor, *Muitos carnavais*, Polygram, 1977; "Não quero choro nem vela" é um dos versos mais conhecidos da canção "Fita amarela", de Noel Rosa, samba gravado em 1932 por Francisco Alves e Mário Reis, que estourou no Carnaval do ano seguinte.

49. "Uns dias chove, noutros dias bate sol" é um dos versos de "Meu caro amigo", de 1976, canção em forma de carta na qual o letrista Chico Buarque manda notícias do Brasil a um amigo — o dramaturgo Augusto Boal, que se encontrava exilado em Portugal devido à perseguição no período da ditadura militar no Brasil (1964-1985). A música é assinada por Francis Hime.

50. Fonte de Juventa, Serra Pelada, Eldorado, Muiraquitã: locais e objetos reais ou míticos que simbolizam bens preciosíssimos para os homens: a juventude eterna e o ouro em abundância. Quanto à Fonte de Juventa, a mitologia dá sua origem em ato de Júpiter, que teria transformado a ninfa Juventa em uma bem escondida fonte, cuja água devolveria a mocidade aos homens. De acordo com o historiador Sérgio Buarque de Holanda, em *Visão do paraíso*, no período da descoberta da América, os europeus acreditavam que a Fonte de Juventa e o próprio Paraíso Terrestre estivessem nas terras descobertas por Cristóvão Colombo. "Quem provasse

por três vezes daquelas águas, achando-se em jejum, ficaria livre de quaisquer enfermidades e passaria a viver como se não tivesse mais de 32 anos", pensavam. Serra Pelada, que fica no município paraense de Curionópolis, foi o maior garimpo de ouro a céu aberto do mundo. As primeiras notícias do ouro circularam em janeiro de 1980, provocando verdadeira corrida ao local. O fato pareceu reviver o mito do Eldorado, que, desde o século XVI, animou os conquistadores da América espanhola a buscar um lugar repleto de riquezas, onde os homens viveriam cobertos de ouro. Como o Eldorado não foi encontrado nessa região, a lenda alcançou a Amazônia portuguesa, até que o mito desapareceu, em meados do século XVIII. Muiraquitãs são amuletos de pedra verde, mais frequentemente em forma de sapo, com poderes mágicos de cura e fertilidade. Segundo a lenda, seriam retirados do fundo do lago Jaci Uaruá (Espelho da Lua) pelas icamiabas — a tribo das amazonas — para presentear os homens da aldeia guacari, que vinham anualmente se acasalar com elas. Em *Macunaíma*, o modernista Mario de Andrade faz o herói perseguir incessantemente a pedra muiraquitã, presente da icamiaba Ci, a Mãe do Mato, roubada pelo Gigante Piaimã, o comerciante Venceslau Pietro Pietra.

51. A marchinha canavalesca é "Quem sabe sabe", de Jota Sandoval e Carvalhinho, datada de 1956, que diz: "Quem sabe sabe/ conhece bem/ como é gostoso/ gostar de alguém// (...) Ah! morena/ Deixa eu gostar de você/ Boêmio, sabe beber/ Boêmio também tem

querer." Julio Medaglia é regente sinfônico e, embora desenvolva carreira na música clássica, esteve ligado aos movimentos de vanguarda da MPB como um dos organizadores dos festivais da Record e também como arranjador — é seu, por exemplo, o célebre arranjo de "Tropicália", de Caetano Veloso, faixa 1 do LP *Caetano Veloso*, Polygram, 1968.

52. A canção "Julieta", de Noel Rosa e Eratóstenes Frazão, foi relançada no CD *Noel Rosa, Feitiço da Vila*, do selo Revivendo, que contém outros 20 clássicos do compositor e seus parceiros, cantados por vários intérpretes.

53. Referência ao samba-enredo da escola União da Ilha, "É hoje", composto por Didi e Mestrinho para o Carnaval de 1981: "É hoje o dia da alegria/ E a tristeza nem pode pensar em chegar/ Diga espelho meu!/ Diga espelho meu/ Se há na avenida alguém mais feliz que eu/ Diga espelho meu/ Se há na avenida alguém mais feliz que eu/ A minha alegria!/ A minha alegria atravessou o mar/ E ancorou na passarela/ Fez um desembarque fascinante/ No maior show da terra."

54. A "Marcha da Traviata", de Carlos Morais, foi gravada para o Carnaval de 1965. Seu autor, assim como outros compositores, costumava buscar inspiração em óperas para fazer marchas carnavalescas. Em 1964, ele já havia lançado "Coitada da Madame Butterfly" na mesma linha.

55. A "Marcha da lagosta" foi gravada no disco anual da Copacabana com as músicas do Carnaval de 1964. Ela comenta o contencioso diplomático entre Brasil

e França, desenvolvido no período 1961-1963 e apelidado de "Guerra da Lagosta" pela imprensa nacional. A discussão foi provocada por barcos franceses que pescavam em águas territoriais do Nordeste brasileiro.

56. Menção à chamada "Guerra dos seis dias", de 1967, em que, respondendo à ocupação do deserto do Sinai pelo Egito e à movimentação de tropas árabes em suas fronteiras, Israel destruiu rapidamente o poderio aéreo egípcio ainda em solo, além de atacar bases jordanianas e sírias. O compositor da marcha mencionada é Luiz Antônio de Pádua Vieira da Costa, de apelidos "Coronel" e "Nego Antônio", que levava vida discretíssima de militar de carreira. Entre seus muitos sucessos carnavalescos estão "Lata d'água" (em parceria com Jota Júnior) e "Sassaricando" (com Jota Júnior e Oldemar Magalhães), ambas de 1952. É dele também, com Oldemar Magalhães, "Barracão", o clássico lançado em 1968, que ganharia versão definitiva na voz de Elizeth Cardoso.

57. "Touradas em Madri", da produtiva dupla Alberto Ribeiro e João de Barro (Braguinha), foi gravada originalmente por Almirante em 1937 e fez sucesso no Carnaval de 1938. De certa forma, homenageava a Espanha, e em particular a Catalunha, em plena guerra civil (1936-1939). Teve muitas gravações desde então. Na Copa do Mundo de 1950, foi entoada pela torcida no Maracanã quando a Seleção do Brasil venceu o time espanhol, a "Fúria", por 6 x 1.

58. "Eu chorarei amanhã", samba de Raul Sampaio e Ivo Santos, gravado por Orlando Silva em 1958; "Tentei

chorar/ ninguém acreditou" são versos da marchinha "Rasguei a minha fantasia", de Lamartine Babo, lançada no Carnaval de 1935, originalmente gravada na RCA Victor por Mário Reis; "Tristeza", samba lançado por Niltinho em 1963, só se tornou sucesso no Carnaval de 1966, quando Haroldo Lobo entrou como parceiro e encurtou a letra. "Aplaudam quem sorrir trazendo lágrimas no olhar" é o verso que abre a segunda estrofe do samba "Bloco da solidão", da histórica dupla Jair Amorim e Evaldo Gouveia, responsável por boleros e sambas-canções de grandes sucessos nas décadas de 1950 e 1960.

59. "Com pandeiro ou sem pandeiro" tornou-se o título dado pelo povo à marcha "Eu brinco", assinada pela dupla Claudionor Cruz e Pedro Caetano, gravada em 1944 por Francisco Alves.

60. A "lata velha e toda enferrujada" não é a única que, na marchinha de Almirante e João de Barro (Braguinha), socorre o sambista em falta de pandeiro. Na letra de "Lataria", cantada no Carnaval de 1931 e originalmente gravada pelo grupo Bando de Tangarás, aparecem uma lata de goiabada, uma de querosene e ainda, substituindo o tamborim, uma lata de creolina. Ao final, os compositores conclamam: "Escuta bem, minha gente/ Repara bem pelo som/ E depois vocês me digam/ Se meu instrumento é bom."

61. "Manifesto Antropófago", Oswald de Andrade, publicado originalmente na *Revista de Antropofagia*, Ano 1, nº 1, maio de 1928, trazendo a seguinte datação: "Em

Piratininga Ano 374 da Deglutição do Bispo Sardinha." Encontra-se no volume 6 das *Obras completas: Do Pau--Brasil à Antropofagia e às Utopias*, Rio de Janeiro: Instituto Nacional do Livro/ Civilização Brasileira, 1972.

62. "História do Brasil", sucesso de 1934 do compositor carioca Lamartine Babo (1904-1963). Famoso por *hits* carnavalescos como "O teu cabelo não nega" e "Linda morena", entre outros, compôs também os hinos de vários times de futebol do Rio de Janeiro e clássicos como "Serra da Boa Esperança", "Eu sonhei que tu estavas tão linda" (com Francisco Matoso) e "No rancho fundo" (com Ary Barroso).

63. O filósofo francês Gérard Lebrun (1930-1999) viveu no Brasil por mais de duas décadas. Foi professor de filosofia na Universidade de São Paulo (USP) e na Universidade Estadual de Campinas (Unicamp), atuando também como colaborador em jornais do Rio de Janeiro e de São Paulo. O texto deste posfácio foi publicado no jornal *O Estado de S. Paulo* em 2 de julho de 1983, ano de lançamento da primeira versão de *E o que é o amor* na Coleção Primeiros Passos, da Editora Brasiliense. Em 2006, seus artigos para a imprensa periódica brasileira foram reunidos no título *A filosofia e sua história*, organizado por Carlos Alberto Ribeiro de Moura, Maria Lúcia Cacciola e Marta Kawano e publicado pela editora Cosac Naify.

64. Os dois trechos citados fazem parte da canção "*Les mots d'amour*" ("As palavras de amor"), escrita por Edith Piaf (1915-1963). Em tradução livre, a letra diz:

"Palavras ainda/ Só palavras/ Palavras de amor" e, mais adiante: "É uma loucura como eu te amo/ Meu amor, meu amor/ É uma loucura o quanto eu te amo de paixão". Além de cantar e trabalhar em cinema, Piaf foi compositora de grandes sucessos, como "*La vie en rose*" (1945), "Hino ao amor" (1949), "*Non, je ne regrette rien*" (1956) e "*Milord*" (1959) entre outros.

65. Marivaux (1688-1763), dramaturgo e romancista francês cujas finas comédias de costumes de fundo psicológico e conteúdo erótico fazem rir das hesitações dos personagens — em geral, jovens temerosos de assumir responsabilidades na vida e de expor seus sentimentos, que se escondem por trás de uma linguagem afetada.

66. A *História de Adèle H*, filme de 1975, dirigido por François Truffaut, que, além de receber vários prêmios, rendeu uma indicação ao Oscar de melhor atriz para Isabelle Adjani. Filha caçula do mítico escritor francês Victor Hugo (1802-1885), Adèle Hugo (1830-1915), personagem da vida real, desenvolveu esquizofrenia na juventude, o que a levou à paixão obsessiva por um oficial da marinha britânica, o tenente Albert Pinson. Não correspondida, ela vai à loucura. O roteiro se baseia nos diários dela, que morreu aos 85 anos, em 1915, no hospício onde foi internada pelo pai. Isabelle Adjani sintetizou os sentimentos de sua personagem dizendo: "Adèle não estava apaixonada por ele [Pinson], mas por seu amor por ele, pela ideia que tinha do amor."

Este livro foi composto na tipografia
Minion Pro, em corpo 12/16, e impresso
em papel off-white no Sistema Cameron da
Divisão Gráfica da Distribuidora Record.